Harald Kleinschmidt

Das europäische Völkerrecht und die ungleichen Verträge um die Mitte des 19. Jahrhunderts

OAG-Taschenbuch Nr. 87

OAG DEUTSCHE GESELLSCHAFT
FÜR NATUR- UND VÖLKERKUNDE OSTASIENS

Die OAG ist eine 1873 in Japan von deutschen Kaufleuten, Gelehrten und Diplomaten gegründete Vereinigung, deren Ziel es u. a. ist, die Länder Ostasiens, insbesondere Japan, zu erforschen und Kenntnisse darüber zu verbreiten.
Die Reihe OAG-Taschenbuch (früher OAG aktuell) erscheint in unregelmäßigen Abständen und geht allen Mitgliedern der OAG kostenlos zu. Soweit die jeweilige Auflage reicht, steht sie auch anderen Interessenten zur Verfügung.
Die Manuskripte für die Reihe OAG-Taschenbuch gehen in der Regel auf Vorträge zurück, die in der OAG Tōkyō gehalten wurden. Sie enthalten grundsätzlich die Auffassung der jeweiligen Verfasser, die sich nicht notwendigerweise mit der Auffassung der OAG zu decken braucht.

Dieses Buch ist eine Veröffentlichung der OAG
im IUDICIUM Verlag.

Bibliografische Information Der Deutschen Bibliothek

Die Deutsche Bibliothek verzeichnet diese Publikation in der Deutschen Nationalbibliografie; detaillierte bibliografische Daten sind im Internet über http://dnb.ddb.de abrufbar.

Redaktion Dr. Ulrich Pauly

Printed in Germany
Juni 2007
ISBN 978-3-89129-183-2

Inhaltsverzeichnis

Eine längere Version des Werkes mit ausführlicheren Fußnoten können Sie unter http://www.oag.jp lesen.

OAG Tōkyō

I. Einleitung

Gut klingt die Forderung nach freiem Handel. Er bringe die Wirtschaft in Schwung, heißt es in den globalen Zentren des Welthandels. Aber wieso gibt es zunehmend mehr Gegner des Freihandels? Die Antwort der Kritiker der internationalen Wirtschaftsordnung lautet: weil auch der Freihandel Regeln zu folgen hat, die die Regierung von Staaten in ihrem eigenen, auch militärischen Interesse manipulieren können. Auch Völkerrecht und internationales öffentliches Recht haben einen guten Namen. Sie gelten als neutral, jedenfalls im Westen. Warum aber ist es seit mehr als einhundertundfünfzig Jahren schwierig, Völkerrecht und internationalem öffentlichen Recht Geltung zu verschaffen? Woher begründet sich der Widerstand gegen sie? Die Antwort der Kritiker der internationalen Politik lautet: weil Völkerrecht und internationales öffentliches Recht zwischenstaatliches Recht sind, das von Staatsinteressen und militärischen Strategien nicht abzutrennen ist. Freihandel und Völkerrecht stehen also seit mehr als einhundertfünfzig Jahren im Zentrum von Debatten um die Gerechtigkeit der internationalen Beziehungen zwischen Staaten. Dieses Büchlein erschließt die Ursprünge der Kritik an Freihandel und Völkerrecht im europäischen Kolonialismus des 19. Jahrhunderts, der das europäische Staatensystem zum Weltstaatensystem aufblies. Kolonialismus, militärische Bedrohung und Krieg waren untrennbar verbunden mit der globalen Expansion des europäischen Welthandelsmarkts und des europäischen Völkerrechts. In der Geschichte der Globalisierung schufen europäische Regierungen eine kriegerische Erblast, die nicht vergehen kann.

Im folgenden untersuche ich einige politische Entscheidungen der europäischen Regierungen in Bezug auf die

Expansion ihres wirtschaftlichen, diplomatischen und militärischen Einflusses im Pazifik an den Beispielen europäischer Interventionen in China, in Japan und im Gebiet der Maori um die Mitte des 19. Jahrhunderts. Dabei versuche ich zu zeigen, daß europäische Regierungen sich ihre militärische Option, das heißt, die Anwendung militärischer Gewalt zur Etablierung kolonialer Herrschaft in diesen Weltteilen, stets offenhielten, ohne von dieser Option immer Gebrauch zu machen. Aus der Untersuchung ergibt sich, daß in europäischer Sicht kein Widerspruch zwischen der Wahl der militärischen Option mit dem Ziel der Staatszerstörung und der Einleitung nicht-herrschaftlicher Expansionsprozesse bestand. Hingegen verfolgten die europäischen Regierungen in der Praxis ihrer Diplomatie überall im Pazifik das Ziel, die juristische Fiktion der Gleichheit der Souveräne als Richtschnur ihres politischen Entscheidens gegenüber den Opfern ihrer Expansion ignorieren zu können, auch wenn sie, in scheinbar paradoxer Weise, dieses Ziel mit dem Abschluß völkerrechtlicher Verträge zu verbinden suchten. Mitunter resultierten aus diesem Paradoxon völkerrechtliche Staatszerstörungsverträge, auch ohne daß zuvor Kriege geführt worden waren. Koloniale Expansion bestand dort im völkerrechtlichen Oktroi des Status der Ungleichheit.

Im Rahmen dieser Untersuchung kategorisiere ich die Globalisierung des europäischen zwischenstaatlichen Vertragsrechts als Faktor der Ausweitung des überseeischen Einflusses der europäischen Kolonialregierungen im Vollzug ihrer global interdependenten Weltpolitik. Der gemeinsame Wille dieser Regierungen zur Ausweitung ihrer überseeischen Herrschaftsbereiche und zur Unterdrückung nicht-europäischer Bevölkerungsgruppen in Afrika, Asien sowie Ozeanien gab zwar die Grundlage ab für die Konzeptionalisierung und Durchführung global interdependenter Weltpolitik[1], führte aber selten zu unstrittigen, allseitig anerkannten Staatszerstörungen. Im Vollzug dieses Globalisierungsprozesses hingegen folgten die europäischen Kolonialregierungen dem ihnen geläufigen Staatsbegriff. Sie errichteten eine Wertehierarchie, derzufolge nur diejenigen Politien das Prädikat der Staatlichkeit zuerkannt bekommen sollten, die nach dem europäischen Staatsbegriff als souveräne Staaten anerkannt werden konnten. Die Positionierung von Staaten in dieser Wertehierarchie begründete die Maßstäbe, nach denen die europäischen Kolonialregierungen die juristische Fiktion der Gleichheit souveräner Staaten anwenden oder vorenthalten zu können glaubten. Diese Entscheidung folgte aus der Wahrnehmung der Distanz zwischen dem Staatsbegriff, den die europäischen Kolonialregierungen als gegeben voraussetzten, und den politischen Prozessen und Institutionen, die sie vor Ort in Afrika, Teilen Asiens sowie in Ozeanien vorfanden. Insbesondere in Afrika kategorisierten sie politische Prozesse und Institutionen als unvereinbar mit dem europäischen Staatsbegriff. Sie verweigerten folglich die Anerkennung der dortigen Politien als souveräne Staaten auch und gerade dann, wenn sie mit den Regierungen dieser vermeintlich nicht-staatlichen Politien zuvor zwischenstaatliche Verträge abgeschlossen hatten. In europäischer Sicht waren diese Verträge dann gegenstandslos geworden und sollten ignoriert werden, während die vermeintlich nicht-staatlichen Politien wo-

[1] Siehe Otto Hintze, ‚Imperialismus und Weltpolitik', *Die deutsche Freiheit* (1917), S. 117. Ders., ‚Imperialismus und Weltpolitik' [1907], in ders., *Staat und Verfassung*, hrsg. von Fritz Hartung (Leipzig, 1941), S. 459.

möglich der Zerstörung durch Anwendung militärischer Gewalt anheimfallen sollten[2]. Obzwar die europäischen Kolonialregierungen sowie die Regierung der USA gegenüber China, Japan und Siam zur Anerkennung der dort bestehenden Regierungen als Regierungen souveräner Staaten bereit waren, dort folglich auch in europäischer Sicht keine Staatenzerstörung stattfand, hielten sie sich doch auch hier wie in Afrika für dazu legitimiert, trotz des Zugeständnisses der juristischen Fiktion der Gleichheit der Souveräne in die inneren Angelegenheiten der Staaten zu intervenieren.

Das Ergebnis der Untersuchung ist – um es vorweg zu nehmen –, daß die empirisch belegte Militarisierung der Politik unter den Opfern der europäischen Kolonialherrschaft aus der Zwangsveränderung traditionaler politischer Prozesse und Institutionen folgte, deren Zerstörung im Verlauf des 19. Jahrhunderts zum Oktroi des europäischen Staatsmodells führen mußte. Die europäische Kolonialherrschaft und die Formen europäischer nicht-herrschaftlicher Intervention hinterließen in Afrika, West-, Süd- und Südostasien sowie in Ozeanien scheinbar „schwache" Staaten, weil die Herrschaft ausübenden oder sonst intervenierenden europäischen Regierungen bei den Opfern ihrer Unterdrückung zunächst weder Staatsentstehungsprozesse nach endogenen Modellen einleiten noch – wie in Siam, im Chinesischen und im Osmanischen Reich – die dort laufenden Bestrebungen der Veränderung der Herrschaftsformen fördern wollten. Hingegen zerstörten sie in Ozeanien, in Teilen West-, Süd- und Südostasiens

---

[2] So die ausdrückliche Empfehlung des Juristen Hermann Hesse, *Die Schutzverträge in Südwestafrika* (Berlin, 1905), S. 91.

sowie in Afrika bestehende Staaten, um an deren Stelle Herrschaftszonen zu errichten, aus denen nach ursprünglicher Absicht keine Staaten entstehen sollten. Dann jedoch änderten die europäischen Regierungen während ihrer Kolonialherrschaft ihre Strategie. In den meisten Fällen durften schließlich die Regierungen vor Ort für die kolonialen Herrschaftszonen im Zeichen ihrer formal völkerrechtlichen „Unabhängigkeit" nach Ende der europäischen Kolonialherrschaft die juristische Fiktion der Gleichheit souveräner Staaten dann für sich reklamieren, wenn sie zur Umwandlung der kolonialen Herrschaftszonen in Staaten und zur Fortführung der von den europäischen Kolonialregierungen geprägten politischen Prozesse und Institutionen bereit waren. Diesen so entstandenen Staaten das Prädikat „schwach" aufdrücken, heißt, sie für die Last ihres kolonialen Erbes auch noch diskriminieren.

In Japan hingegen kam es zwar zu nur kurzzeitigen tatsächlich ausgeführten militärischen Interventionen europäischer Regierungen, gleichwohl aber auch zu einer tiefgreifenden, nicht nur aus endogenen Quellen fließenden, anderen auch europäischen Modellen folgenden Veränderung von Herrschaft. Soweit diese Veränderung durch Druck von außen herbeigeführt wurde, spielten ungleiche völkerrechtliche Verträge, das völkerrechtliche Vertragsrecht sowie Freihandelsregeln eine zentrale Rolle als Instrumente der Einflußnahme. Anstelle der Errichtung von Kolonialherrschaft trat schließlich ein nicht-herrschaftlicher Regime-Kolonialismus.

II. Europäische Expansion und völkerrechtliche Ungleichheit. Wandlungen des Verhältnisses der Ziele von Freihandelszwang und Kolonialherrschaft am Beispiel ungleicher völkerrechtlicher Verträge zwischen den USA und europäischen Staaten einerseits, China, Japan und den Maori andererseits

Eine in der Wirtschaftsgeschichte und historisch orientierten Politikwissenschaft gängige Theorie konstruiert für das 19. und frühe 20. Jahrhundert im Handeln europäischer Regierungen einen Gegensatz zwischen herrschaftlicher Kolonialexpansion unter Anwendung militärischer Gewalt und dem Einsatz wirtschaftlicher Macht zur Durchsetzung von Grundsätzen des Freihandels[3]. Die Theorie fußt auf der Beobachtung, daß seit dem 16. Jahrhundert die Errichtung von Kolonialregimen oft verbunden war mit der Einführung tarifärer wie auch nicht-tarifärer Handelshemmnisse und dem Versuch, Überseemigration aus Europa in bestimmte Zielgegenden zu lenken. Aus dieser Beobachtung leiteten die der Theorie anhän-

---

[3] Desmond Christopher St Matin Platt, ‚The Imperialism of Free Trade. Some Reservations', *Economic History Review*, Second Series, Bd. 21 (1968), S. 292–306. Ders., ‚Further Objections to an „Imperialism of Free Trade" (1830–1860)', *Economic History Review*, Second Series, Bd. 26 (1973), S. 77–91. Ders., *Finance, Trade and Politics in British Foreign Policy* (Oxford, 1968), S. 263–5, 367–8. Platt trat Einwänden entgegen, die John Gallagher und Ronald Edward Robinson, ‚The Imperialism of Free Trade', *Economic History Review* 6 (1953), S. 1–15, gegen die Theorie vorgebracht hatten.

genden Wirtschaftshistoriker eine Abfolge von Phasen europäischer Kolonialexpansion ab. Nach dieser Abfolge sollte die ältere, wesentlich auf den amerikanischen Kontinent gerichtete Expansion bis in den Anfang des 19. Jahrhunderts fortgedauert haben. Sie sei aber um die Jahrhundertmitte durch eine Phase abgelöst worden, in der die führenden europäischen Wirtschaftsmächte, insbesondere die britische Regierung, die weltweite Förderung des Freihandels als oberstes Ziel ihrer Außenpolitik festgeschrieben haben sollten. Diese Phase der angeblichen Mid-Victorian Free Trade Policy sei in den 1880er Jahren mit der Rückkehr zur Politik der Kolonialexpansion, der Respektierung von Trademarks und Erhöhung von Schutzzöllen beendet worden.

Die Gültigkeit dieser durch ihre Schlichtheit beeindrukkenden Theorie hängt davon ab, wie Freihandelsregeln durchgesetzt wurden. Die Befunde der Quellen sprechen dafür, daß dies nur unter Druck der an der Ausweitung von Freihandelsregimen interessierten Regierungen möglich war. Selbst die Befürworter der Theorie, daß um die Mitte des 19. Jahrhunderts die Errichtung eines Freihandelsregimes vorrangiges Ziel der internationalen Politik europäischer Regierungen gewesen sei, erkannten den Umstand, daß die Grundsätze des Freihandels sich nicht gewissermaßen von selbst durchsetzten, sondern nur durch Oktroi von Regeln, die mitunter erst nach Bewehrung mit politisch-militärischem Druck Anerkennung fanden. Aber sie unterließen es, die politischen Bedingungen des Oktroi dieser Regeln genau zu untersuchen. War somit die Verregelung des Welthandels nur durch Regierungshandeln möglich, mithin durch legitime Vertreter souveräner Staaten als Völkerrechtsubjekte bedeutete dies, daß privatrechtlich firmierende Produzenten und Händler zwar die Durchsetzung von Freihandelsregeln von Regierungen fordern[4], aber nach den Völkerrechtsdoktrinen des 19. Jahrhunderts nicht selbst als Regulatoren in den internationalen Beziehungen tätig werden konnten[5]. Folglich war die Fähigkeit zur Erzwingung von Freihandelsregeln wesentlich nicht-herrschaftliches Machtmerkmal eines Regime-Kolonialismus und sollte durch Regierungen souveräner Staaten ausgeübt werden. Dasselbe gilt für die diplomatisch-militärischen Vorgehensweisen der amerikanischen und einiger europäischer Regierungen mit dem Ziel, das europäische Recht der zwischenstaatlichen Beziehungen weltweit zur Anwendung zu bringen. Insbesondere europäische Regierungen traten an, zwischenstaatliches Recht auf die Menschheit insgesamt zu beziehen. Sie forderten die weltweite Anerkennung der Normen europäischen zwischenstaatlichen Rechts primär zum Schutz ihrer in Übersee agierenden Bürger und Untertanen. Überdies betrachteten sie es als Merkmal ihres Prestiges als selbst ernannte Großmächte, ihre Vorstellungen von zwischenstaatlichem Recht als

---

[4] Zu Forderungen nach Durchsetzung von Freihandelsregeln an die Regierungen souveräner Staaten siehe Richard Cobden, *Political Writings* (London und New York, 1867), S. 285–339 [Nachdruck (London, 1995); weitere Ausgabe (London, 1903); Nachdruck dieser Ausgabe (New York, 1969); weiterer Nachdruck, hrsg. von Naomi Chargin Miller (New York, 1973)].

[5] Henry Wheaton, *Elements of International Law*, § 252, 3. englische Aufl., hrsg. von A. C. Boyd (London, 1889), S. 356 [zuerst (London und Philadelphia, 1836); 8. Aufl., hrsg. von Richard Henry Dana (London, 1866); 1. Aufl. von Boyd (London, 1878)].

Grundlage der zwischenstaatlichen Beziehungen durchsetzen zu können. Als Kernbereiche des zwischenstaatlichen Rechts galten das Recht der zwischenstaatlichen Verträge und die ihm immanente Begrifflichkeit der Souveränität. Die amerikanische und einige europäische Regierungen handelten diesbezüglich ebenso wie in bezug auf die Freihandelsregeln in dem Bewußtsein, daß die Fähigkeit zur Duchsetzung eines Rechtssystems nicht-herrschaftliches Machtmerkmal eines Regime-Kolonialismus sei.

Der Oktroi von Freihandelsregeln und Normen des zwischenstaatlichen Rechts nach europäischem Modell mit Hilfe diplomatischer und militärischer Mittel war mitunter in der Wahrnehmung europäischer Regierungen der Kolonialexpansion ähnlich. Er verfolgte dasselbe Ziel der Ausweitung des militärischen, politischen und wirtschaftlichen Einflusses der an der Expansion beteiligten europäischen Regierungen, ohne zur Übernahme direkter oder indirekter Herrschaft führen zu müssen. Insbesondere die britische Regierung hielt sich – auch und gerade um die Mitte des 19. Jahrhunderts sowie gegenüber Staaten in Ostasien – nicht allein die militärische, sondern auch die koloniale Option ausdrücklich offen, die in Willenserklärungen oder Ratschlägen seitens ihrer Emissäre manifest ist[6]. In einigen Fällen blieb es nicht bei bloßen Erklärungen, sondern Vertreter der europäische Regierungen ließen militärisch handeln. So kam es im Jahr 1855 zur kurzzeitigen Besetzung der Kurileninsel Urup durch ein bri-

[6] Laurence Oliphant, *Narrative of the Earl of Elgin's Mission to China and Japan in the Years 1857, '58, '59*, Bd. 2 (Edinburgh, 1859), S. 248–9 [Nachdruck (New York, 1969)].

tisch-französisches Truppenkontingent[7], und die preußische Regierung plante die Besetzung und Kolonisierung Taiwans während ihrer Ostasienexpedition von 1859 bis 1862[8]. Zwar verfestigten sich diese Kurzzeitexpeditionen nicht zu dauernder Kolonialherrschaft, dokumentieren aber, daß im Bewußtsein auch der in Ostasien agierenden Vertreter europäischer Regierungen Kolonialherrschaft mindestens als Gedanke präsent war. Deswegen sollten diese Kurzzeitexpeditionen nicht unterschätzt werden. Noch im Jahr 1867 schlug der preußische Geschäftsträger in Japan, Max von Brandt, seiner Regierung die Besetzung und Kolonisierung Hokkaidōs vor und drückte nach Ende seiner aktiven Dienstzeit als preußisch-deutscher Diplomat und Experte für Ostasienpolitik sein Bedauern darüber aus, daß seine Regierung damals seinem Vorschlag nicht Folge geleistet hatte[9]. Entgegen der wirtschaftshistorischen Theorie der Abfolge von Kolonialexpansion und Freihandelsregimen ist also davon auszugehen, daß in der Perzeption europäischer Regierungen Freihandelszwang und Kolonialexpansion durch das 19. Jahrhundert hindurch nicht gegensätzliche, sondern alter-

---

[7] Thierry Mormanne, ‚La prise de possession d'Urup par la flotte anglo-française en 1855', *Cipango* 11 (2004), S. 209–36.

[8] Siehe dazu Bruno Siemers, ‚Preußische Kolonialpolitik 1861–62', *Nippon* 3 (1937), S. 20–6.

[9] Maximilian August Scipio von Brandt, [*Denkschrift betreffend Kolonien in Ostasien*], Januar 1867, hrsg. von Rolf-Harald Wippich, *Japan als Kolonie? Max von Brandts Hokkaidō-Projekt 1865/67* (Hamburg, 1997), S. 29–42 (Übersee. 31.) Ders., *Dreiunddreißig Jahre in Ostasien*, Bd. 2 (Leipzig, 1901), S. 148.

native Strategien waren, die beide dem Ziel globaler Expansion dienten.

Die um die Mitte des 19. Jahrhunderts zwischen der amerikanischen und europäischen Regierungen einerseits sowie ostasiatischen Regierungen andererseits geschlossenen völkerrechtlichen Verträge erscheinen in einem anderen Licht, wenn der Oktroi von Freihandelsregeln und völkerrechtlichem Vertragsrecht als nicht-herrschaftliche Alternative der Kolonialexpansion verstanden wird. Es handelt sich insbesondere um Verträge, die 1842 zwischen der britischen und der chinesischen Regierung sowie von 1854 bis 1869 zwischen verschiedenen europäischen Regierungen, der Regierung der USA auf der einen Seite und der japanischen Regierung auf der anderen geschlossen wurden. In vielen dieser Verträge fand das Formular des Friedensvertrags auch dann Anwendung, wenn dem Vertragsabschluß keinerlei Kriege zwischen den vertragsschließenden Parteien vorangegangen waren und die Verträge selbst oft als „Freundschaftsverträge“ bezeichnet wurden. Das Formular des Friedensvertrags ist dennoch erkennbar am Wortlaut von Präambeln und allgemeinen Artikeln, die die Herstellung eines dauerhaften Friedens festschrieben.

Der britisch-chinesische Vertrag von Nanjing vom 29. August 1842[10] war ein Friedensvertrag aus Anlaß der Beendigung des ersten Opiumkriegs. Die vertragsschließenden Parteien erkennen sich im Protokoll[11] wechselseitig

[10] Vertrag von Nanjing zwischen China und dem Vereinigten Königreich vom 29. August 1842, in *Consolidated Treaty Series*, hrsg. von Clive Parry, Bd. 93 (Dobbs Ferry, 1969), S. 466–75 [künftig zitiert *CTS*].

[11] Ich verwende die Begriffe Protokoll, Eschatokoll und Disposition im Sinn der Diplomatik. Danach stehen

als Souveräne an und geben in Artikel I an, nach Beendigung der Kampfhandlungen einen beständigen Frieden schließen und künftig ihre Beziehungen freundschaftlich gestalten zu wollen[12]. Im weiteren, dispositiven Teil werden Bestimmungen getroffen, die diese Beziehungen durch Verzicht auf Reziprozität als ungleich festschreiben. Die britische Seite folgte mit dem Formular den Konventionen des europäischen Rechts zwischenstaatlicher Verträge. Demzufolge herrschte für Friedensschlüsse Vertragsfreiheit unter den beteiligten Souveränen, was die Möglichkeit einschloß, punktuelle militärische Siege in völkerrechtlich auf Dauer verbindliche Rechtspositionen zu überführen. Die bekanntesten dieser im Nanjing-Vertrag festgeschriebenen Rechtspositonen waren die Zulassung freien Handels sowie die unbefristete Übertragung der Insel Hongkong aus chinesischer in britische Herrschaft (Artikel III). Der Vertrag enthielt aber weitere Regelungen, die, anders als die von britischer Seite aufgedrückte Forderung nach Zahlung von Kriegskontributionen in Höhe von zusammen 21 Millionen Dollar, auf Dauer China als Staat im Verhältnis der Ungleichheit gegenüber dem Vereinigten Königreich positionierten. Zu diesen Regelungen zählten insbesondere das Niederlassungsrecht für britische Untertanen in Guangzhou, Xiamen, Fuzhou, Ningbo und Shanghai (Artikel II), die

---

die Bezeichnungen Protokoll und Eschatokoll für die Präambel und die Schlußbestimmungen, die Bezeichnung Disposition für diejenigen Vertragsteile, in denen die zwischenstaatlichen Vereinbarungen festgeschrieben sind.

[12] Nanjing-Vertrag (wie Anm. 10), Art. I, in *CTS*, Bd. 93, S. 466.

Freilassung aller inhaftierten chinesischen Untertanen, die wegen ihrer Beziehungen zu britischen Untertanen festgesetzt worden waren (Artikel IX) und die Einschränkung der Zollhoheit für chinesisches Gebiet (Artikel X)[13].

Im Rahmen des europäischen Völkerrechts war es für die britische Regierung konsequent, das Prinzip der Gleichheit der souveränen Staaten im Protokoll anzuwenden, da sie nach europäischem Verständnis nur auf dieser Basis überhaupt mit der chinesischen Regierung einen völkerrechtlichen Vertrag schließen konnte. Die britische Regierung folgte ebenso den Konventionen des europäischen Völkerrechts, indem sie gemäß dem Formular des Friedensvertrags darauf bestand, die Reziprozität der meisten im dispositiven Teil getroffenen Regeln zu verweigern. Um letzteres zu wollen, mußte ersteres als notwendig erscheinen. Aus britischer Sicht war es konsequent, Reziprozität zu verweigern, da die britische Seite im Opiumkrieg militärisch obsiegt und die chinesische Seite um einen Waffenstillstand nachgesucht hatte. Auch Friedensverträge unter europäischen Regierungen waren dementsprechend ungleich. Die militärisch unterlegene Seite konnte nur unter wechselseitiger Anerkennung der Souveränität dazu gezwungen werden, für sie abträgliche Friedensbedingungen bindend zu akzeptieren. Andernfalls hätte die britische Regierung ihren Krieg bis zur Zer-

---

[13] Nanjing-Vertrag (wie Anm. 10), Art. III, in *CTS*, Bd. 93, S. 467. Er wurde ergänzt durch den Zusatzvertrag von Hu-mun Chase zwischen China und dem Vereinigten Königreich vom 8. Oktober 1843, der (Art. VII) britischen Untertanen Residenzfreiheit in den Vertragshäfen unter Aufsicht britischer Konsuln zugesteht. Siehe *CTS*, Bd. 95, S. 325.

störung Chinas fortführen, China also direkter britischer Herrschaft unterwerfen müssen. Aber die Zerstörung Chinas war weder britisches Kriegsziel noch reichten die eingesetzten militärischen Mittel aus, um ein solches Ziel überhaupt projizieren zu können. Die britische Regierung handelte also weitgehend im Rahmen der europäischen Konventionen des völkerrechtlichen Vertragsrechts. Neu war aber die britische Forderung, China möge sich dem weltweiten Freihandel „öffnen". Diese Forderung war nicht auf die bilateralen britisch-chinesischen Beziehungen begrenzt, sondern hatte Wirkungen auf die gesamten chinesischen Außenbeziehungen. Die Durchsetzung von Freihandelsregeln gegenüber China im Vertrag von Nanjing folgte militärischem Handeln. Zwischen Reziprozität und Äquivalenz der Vertragsinhalte muß also sorgfältig unterschieden werden. Reziprozität galt als formale juristische Kategorie im Sinn ausdrücklicher, rechtlich bindender Formulierungen in den Artikeln eines Vertrags. Äquivalenz hingegen konnte die politische Entscheidung bezeichnen, auch nicht-reziproke Bestimmungen als gleichwertig anzuerkennen.

In chinesischer Perspektive freilich sah das Verfahren anders aus. Dort gab es keine Traditionen europäischen Völkerrechts, auch wenn bereits in den Jahren 1689 und 1727 völkerrechtliche Verträge zwischen China und Rußland abgeschlossen worden waren. Gleichwohl war China im chinesischen Selbstverständnis kein Staat wie jeder andere, sondern ein Universalreich mit lediglich vorübergehenden bestehenden Außengrenzen[14]. Die britische Forderung nach Gebietsabtretung auf immer war folglich

[14] Vertrag von Nertschinsk zwischen China und Rußland vom Oktober 1689, in *CTS*, Bd. 18, S. 505–7. Vertrag von Kiachta zwischen China und Rußland von 1727,

in den Kategorien chinesischen Rechts nicht faßbar. Es konnte sich danach nur um befristete Tolerierung britischer Herrschaftsträger in China handeln, auch wenn der Text des Nanjing-Vertrags abweichende Aussagen enthielt. Hinzukam, daß der Begriff der Souveränität in der chinesischen Tradition keine Rechtsqualität besaß. Denn die chinesische Regierung war gehalten, die Beziehungen zu anderen Regierungen tributär zu gestalten, mithin auf Beachtung und Bewahrung von Rangunterschieden zu achten. Nicht die mangelnde Reziprozität der Bestimmungen des Nanjing-Vertrags bereitete der chinesischen Regierung somit Probleme, sondern die Verbindung dieser Bestimmungen mit einem die Gleichheit der souveränen Vertragspartner stipulierenden Protokoll. Vollends unerträglich wurde der Vertrag für die chinesische Seite dadurch, daß die britische Seite Regelungen für den Freihandel durchsetzte mit besonderem Bezug auf Handelsgüter, deren negative Wirkungen auf die chinesische Bevölkerung der chinesischen Regierung bewußt waren. Der Vertrag zwang sie gleichwohl, die Schutz- und Ordnungskompetenz gegenüber der ihr unterstellten Bevölkerung einzugrenzen, mithin ihre Souveränität zur Einschränkung ihrer souveränen Befugnisse einzusetzen. Dadurch war der Nanjing-Vertrag innenpolitisch nicht vermittelbar.

Mit dem Nanjing-Vertrag schränkte die chinesische Regierung jedoch nicht nur ihre innenpolitischen Kompetenzen ein, sondern sie gab gleich zwei, seit langem praktizierte außenpolitische Grundsätze preis. Zum einen gestand sie in der Folge der militärischen Niederlage im

---

in *CTS*, Bd. 33, S. 25–32. Geändert durch Vertrag vom 18. Oktober 1768, in *CTS*, Bd. 44, S. 229–31.

Opiumkrieg einer anderen Regierung den gleichen Rang zu wie ihr selbst. Allein dieses Zugeständnis hatte schwerwiegende Folgen für die Gestaltung der Beziehungen zwischen der chinesischen und anderen Regierungen in Ost- und Südostasien. Denn die chinesische Regierung büßte durch den Nanjing-Vertrag ihre Position als Schutzmacht für Ost- und Südostasien ein und mußte dadurch diese Region militärischem Druck von außen öffnen. Zumal in Japan erregte dieser Vorgang große Besorgnis.

Zum zweiten gestand die chinesische Regierung notgedrungen den allgemeinen Grundsatz der Gleichheit der souveränen Staaten zu, mithin die Pluralität untereinander gleicher Souveräne. Selbst wenn es möglich gewesen wäre, die Ungleichheit der dispositiven Bestimmungen des Nanjing-Vertrags durch einen überlegenen militärischen Sieg der chinesischen Seite über das Vereinigte Königreich wettzumachen, schloß das Protokoll des Vertrags immer noch eine Rückkehr zum System der traditionalen tributären Beziehungen aus. Im Gefolge des Nanjing-Vertrags war China nicht nur mit dem Vereinigten Königreich gleich in seiner Qualität als souveräner Staat, sondern auch mit einigen seiner Nachbarn, beispielsweise Japan. Der Oktroi europäischen Völkerrechts und von Grundsätzen des Freihandels zerstörte ein damals seit mehr als 1500 Jahren in Ost- und Südostasien bestehendes internationales System. Die chinesische Regierung versuchte, dieses Manko durch rasche Übernahme der europäischen Völkerrechtslehren wettzumachen. So ließ sie im Jahr 1864 eine chinesische Version von Henry Wheatons *Elements of International Law* veröffentlichen, für die zum ersten Mal westliche Standardtermini wie Souveränität sinisiert wurden. Doch weder in China selbst noch anderswo in Ostasien setzten sich diese frühen Versuche der Indigenisierung des europäischen Völkerrechts durch, sondern die wenig später geprägten japanischen Versionen[15].

Zwischen 1854 und 1869 schlossen die Regierungen der USA und einiger europäischer Staaten Friedensabkommen in der erklärten Absicht, mit Japan freundschaftliche und Handelsbeziehungen vertraglich zu regeln. Sie verbanden somit Friedens- oder Friedens- und Freundschaftsverträge mit Handelsverträgen. Geschlossen wurden zwischen 1854 und 1869 zwischenstaatliche Verträge, die, sofern sie ein Protokoll enthielten, Frieden und Freundschaft zwischen Japan und dessen jeweiligen Vertragspartnern auf amerikanischer und europäischer Seite und zugleich Handelsbeziehungen begründen sollten. Dabei erschien letzterer Zweck aus europäischer Sicht ableitbar aus der darin weit verbreiteten Annahme, Japan sei für den allgemeinen Handelsverkehr „geschlossen", obschon dies aus japanischer Sicht, jedenfalls verfassungsrechtlich, nicht der Fall war. Die ohne aktuellen Anlaß vollzogene Verknüpfung von Friedens- mit Handelsverträgen führte dazu, daß unvereinbare Grundsätze des Rechts, die eigentlich in unterschiedlichen Sorten zwischenstaatlicher Verträge festzuschreiben gewesen wären, in jeweils einen Text zusammengeführt werden mußten. Während Friedensverträge die Gleichheit der Allgemeinen Bestimmungen mit der Ungleichheit der Besonderen Bestimmungen in Protokoll und Disposition vereinbaren

---

[15] Siehe dazu Douglas R. Howland, *Translating the West. Language and Political Reason in Nineteenth-Century Japan* (Honolulu, 2002), S. 64–6. Keun-Gwan Lee, ‚La traduction et la circulation des termes de droit international en Asie Orientale', *Ebisu* 33 (2004), S. 178–207.

müssen, müssen Verträge, die freien Handel allgemein begründen sollen, reziproke und damit gleiche Allgemeine und Besondere Bestimmungen enthalten. Gleichwohl folgten die Verträge, die die amerikanische und einige europäische Regierungen zwischen 1854 und 1869 mit Japan abschlossen, dem Formular der Friedensverträge und waren somit sämtlich in ihren Besonderen Bestimmungen ungleich. Das Formularhafte der Friedensverträge ist aus dem Umstand erkennbar, daß auch in die Folgeverträge zwischen Japan, den USA, dem Vereinigten Königreich, Rußland und den Niederlanden von 1858 Friedensschlußbestimmungen Eingang fanden, nachdem jeweils in den Erstverträgen von 1854, 1855 und 1856 ein Friede als bestehend bekundet worden war. Einige europäische Regierungen verbanden im Sinn der von ihnen betriebenen Großmachtpolitik ausdrücklich die Verweigerung von Reziprozität und Gleichheit in den mit Japan geschlossenen Verträgen mit dem Ziel, Rangunterschiede zwischen der japanischen Regierung und ihren Vertragspartnern zu deren Gunsten festzuschreiben.

Die Wahl des Formulars des Friedensvertrags in Verbindung mit dem Abschluß von Handelsabkommen folgte einer Konvention, die die amerikanische und einige europäische Regierungen bereits seit der ersten Hälfte des 19. Jahrhunderts in Verträgen mit Regierungen in West- und Südostasien sowie einige europäische Regierungen in Verträgen mit Regierungen in Nordafrika bereits seit dem 18. Jahrhundert angewandt hatten. So enthielt Art. I des amerikanisch-siamesischen Vertrags vom 20. März 1833 die reziproke Bestimmung, daß zwischen Siam und den USA ewiger Friede bestehen solle, wobei die folgenden ungleichen Artikel Handelsbeziehungen aus amerikanischer Sicht, die Versorgung amerikanischer Schiffbrüchiger und die Niederlassung amerikanischer Bürger in Siam regelten. Bereits am 20. Mai 1604 schlossen König Heinrich IV. von Frankreich und Sultan Ahmed einen Handelsvertrag, der die türkische Seite zur Rettung in Seenot geratener französischer Schiffe verpflichtete. Und am 10. August 1746 schlossen der König von Dänemark-Norwegen und der Bey von Algier einen Vertrag zur Regelung des Besuchs dänischer Schiffe im Hafen von Algier. Artikel I auch dieses Vertrags errichtet einen „ewigen und aufrichtigen Frieden“, wohingegen die folgenden Artikel ungleiche Regelungen zu den Rechten dänischer Schiffsbesatzungen in Algier trafen[16]. Die Verbindung der Formulare von Friedens- oder Friedens- und Freundschaftsverträgen mit Handelsverträgen scheint der letztlich mittelalterlich-europäischen Vorstellung zu entstammen, daß rechtliche Regelungen zwischen Herrschern verschiedenener Religionsgemeinschaften ohne ausdrückliches Friedensgebot nicht möglich seien. Die juristischen Laien, die in der Regel die Verträge zwischen amerikanischen und europäischen Regierungen auf der einen, Regierungen in Asien und Afrika auf der anderen Seite im 18. und den ersten beiden Dritteln des 19. Jahrhunderts schlossen, scheinen der traditionalistischen Auffassung angehangen

---

[16] Französisch-türkischer Vertrag vom 20. Mai 1604, in *Corps universel diplomatique de droit des gens*, Nr 21, hrsg. von Jean Dumont, Baron von Carels-Croon, Bd. 5, Teil 2 (Amsterdam 1729), S. 39–43. Vertrag zwischen Algier und Dänemark vom 10. April 1746, in *CTS*, Bd. 38, S. 27–35, insbes. Art. I. Vertrag zwischen Siam und den USA vom 20. März 1833, in *CTS*, Bd. 83, S. 211–5, inbes. Art. I. Vertrag zwischen Muskat und den USA vom 21. September 1833, in *CTS*, Bd. 84, S. 38–40.

zu haben, daß für Handelsverträge das Formular des Friedensvertrags grundsätzlich zur Anwendung zu bringen sei, obschon die zeitgenössische Völkerrechtstheorie bereits die Universalität und Säkularität des zwischenstaatlichen Vertragsrechts voraussetzte. Der Umstand, daß der Arzt Philipp Franz von Siebold in seinen offenbar privaten Initiativen zur „Öffnung" Japans Anfang der 1850er Jahre dasselbe Formular verwendete, kann die Vermutung stützen, daß unter juristischen Laien zu dieser Zeit die Vorstellung herrschte, daß das Formular des Friedensvertrags das gegebene sei[17]. Jedenfalls findet sich in Instruktionen an die Verhandlungsführer weder der amerikanischen noch der beteiligten europäischen Regierungen die Vorgabe, den Abschluß eines Friedensvertrags anstreben zu sollen. Auch in der Korrespondenz der Verhandlungsführer ist von Frieden nicht die Rede[18].

---

[17] Zu Vorformen dieser Verträge im Mittelalter siehe Jörg Fisch, *Krieg und Frieden im Friedensvertrag* (Stuttgart, 1979), S. 533, 539, 651, 674 (Sprache und Geschichte. 3). Zum Vertragsrecht siehe Johann Ludwig Klüber, *Europäisches Völkerrecht*, §§ 149–151, 2. Aufl., hrsg. von Carl Eduard Morstadt (Schaffhausen, 1851), S. 169–72 [zuerst (Stuttgart, 1819)]. Wheaton, *Elements* (wie Anm 5), §§ 252–5, S. 356–8. Friedens- und Handelsverträge schloß die Republik Venedig bereits am 20. Oktober 1540, 7. März 1573 und 10. August 1579 mit dem türkischen Sultan. Siehe Dumont, *Corps* (wie Anm. 16), Bd. 4, Teil 2, S. 197–200, Bd. 5, Teil 1, S. 218–219, 244–247.

[18] Der britisch-siamesische Vertrag vom 18. April 1856 ging über die Festschreibung einseitiger Regelungen der Handelsbeziehungen, der Versorgung Schiffbrü-

Jedenfalls war die aus der Wahl des Formulars des Friedensvertrags folgende Diskrepanz zwischen dem Protokoll, das jeweils die Gleichheit der beteiligten Souveräne festschrieb, und der Disposition, die nicht-reziproke und in dieser Hinsicht ungleiche Regelungen traf, in allen Verträgen, die die japanische Seite während dieses Zeitraums zu schließen hatte, mehr oder weniger stark ausgeprägt. Die Diskrepanz brachte es mit sich, daß in den Verhandlungen zwischen Vertretern der japanischen Regierung und den Emissären aus den USA sowie einigen europäischen Staaten des öfteren Kommunikationsprobleme auftraten, die über die technischen Schwierigkeiten des Übersetzens hinausgingen. Da auf japanischer Seite nur das Chinesische und das Niederländische als Verkehrssprachen in Betracht kamen, mußten die Verhandlungen

---

chiger und der Rechte britischer Untertanen hinaus, indem er Konsulargerichtsbarkeit für britische Untertanen in Siam festschrieb, ohne selbiges für Siamesen in britischen Territorien zuzugestehen. Siehe Vertrag zwischen Siam und dem Vereinigten Königreich vom 18. April 1856, in *CTS*, Bd. 113, S. 84–92. Dieser Vertrag gab das Modell ab für den amerikanisch-siamesischen Vertrag vom 29. Mai 1865, in *CTS*, Bd. 115, S. 112–22 und den Freundschafts-, Handels- und Schiffahrtsvertrag zwischen Frankreich und Siam, 15. August 1856, *CTS*, Bd. 114, S. 392–403. Bemerkenswert ist, daß dieser amerikanisch-siamesische Vertrag auf Seiten der USA durch Townsend Harris unterzeichnet wurde, der den Vertrag auf seinem Weg nach Japan als dortiger Geschäftsträger der USA abschloß. Siehe Townsend Harris, *The Complete Journal*, 2. Aufl. (Rutland, VT, 1959), S. 130–1, 156.

mit den Emissären aus den USA, dem Vereinigten Königreich sowie Rußland, die seit 1853 und 1854 in Japan anlandeten, über das Chinesische und das Niederländische geführt werden. Die jeweils notwendigen Mehrfachübersetzungen verlängerten nicht nur die Verhandlungen, sondern erforderten auch die Herstellung von Einverständnis über die Gleichheit der Inhalte der einzelnen Vertragsartikel sowie die Äquivalenz von Rechtsbegriffen der jeweiligen Verkehrs- und Vertragssprachen. Während diese Schwierigkeiten den Verhandlungspartnern jeweils bewußt waren, war ihnen nicht von Anfang an die Notwendigkeit klar, die jeweils beschlossenen Vertragstexte in den rechtlich bindenden sprachlichen Fassungen genau abzugleichen. Zuerst vor Abschluß des japanisch-russischen Vertrags vom Jahr 1855 einigte man sich darauf, daß die bereits paraphierten Vertragstexte einem gesonderten Redaktionsverfahren unterzogen werden sollten. Auch wurde in den frühen Verträgen darauf verzichtet, eine Fassung in einer dritten Sprache, beispielsweise dem Niederländischen, als gültige Fassung festzuschreiben für den Fall, daß zwischen den verschiedensprachigen Vertragsfassungen Unterschiede erkennbar würden. Als weitaus schwieriger erwies sich der Umstand, daß die amerikanischen und europäischen Emissäre die ihnen geläufige staatsrechtlich-politische Terminologie sowie das europäische Recht der zwischenstaatlichen Verträge als universal gültig voraussetzten und jedwede Verhandlung darüber verweigerten, mit welchen Begriffen und in welchen Formen Abkommen mit der japanischen Regierung zu schließen seien. Die japanische Regierung verfuhr gleichwohl hinsichtlich der Zulassung von Handelsrechten an Angehörige ihrer Vertragspartner zunächst wesentlich zögernder als die Regierungen von Muskat und Siam zwanzig Jahre zuvor. Sie tat dies trotz der eklatanten militärischen Bedrohung durch westliche Kriegsschiffe, die vor oder in der Bucht von Edo sowie andernorts an den Küsten des japanischen Archipels vor Anker gingen. Sie unternahm trotz einiger im Jahr 1851 getroffener Maßnahmen zum Bau von Festungseinrichtungen an den Küsten auch angesichts der militärischen Bedrohung keinen Versuch, die Zufahrt zur Bucht von Edo militärisch abzusichern. Dies ergibt sich noch aus dem Umstand, daß das Kriegsschiff *Ancona* mit dem preußischen Gesandten Friedrich Graf zu Eulenburg an Bord im September 1860 unbemerkt bis zur Reede vor Edo gelangen konnte. Aus der demonstrativen Gelassenheit der Regierung in Edo gegenüber dem forschen Auftreten der Vertreter der westlichen Mächte spricht nicht das oft in der Forschung postulierte Bewußtein militärischer Schwäche[19].

Die US-Regierung stellte ihre Expedition unter das Kommando des erfahrenen Seemanns Commodore Matthew Calbraith Perry, der im Jahr 1852 zunächst den Atlantik überquerte, um dann durch den Indischen Ozean und den westlichen Pazifik Japan zu erreichen. Die Regierung in Edo, die von der US-Expedition unterrichtet war, war bemüht, Perry nach Nagasaki zu lenken, nicht zuletzt in der Absicht, direkte Verhandlungen mit dem US-Emissär in Edo zu vermeiden. Doch Perry hatte ein Schreiben des US-Präsidenten Millard Fillmore an den „Emperor of Japan" bei sich und sah sich beauftragt, in direkte Ver-

[19] Siehe beispielsweise William Gerald Beasley, *Great Britain and the Opening of Japan. 1834–1858* (London, 1951), S. 104 [Nachdruck (Folkestone, 1995)]. Hiroshi Mitani, *Escape from Impasse. The Decision to Open Japan* (Tōkyō, 2006), S. 109 (LTCB International Library Selection. 20.) [zuerst (Tōkyō, 2003)].

handlungen mit der zentralen Regierung einzutreten, die er in Edo verortete. So landete die Expedition am 8. Juli 1853 vor der Küste von Uraga. Im Verlauf der Verhandlungen ließ Perry sich weder davon abbringen, daß die Regierung in Edo die zuständige Institution für die Gestaltung der Außenbeziehungen Japans sei, noch wollte er auf die Forderung verzichten, mindestens einen Hafen an der Pazifikküste von Honshū für US-Schiffe „öffnen" zu lassen. Denn das Hauptziel der Expedition war es aus amerikanischer Sicht, einen Hafen in Japan für US-Schiffe zu finden, die die neu einzurichtende, transpazifische Route von Kalifornien nach China bedienen würden. Für diese Route schien Nagasaki ungünstig gelegen und folglich ungeeignet. In diesen beiden Punkten setzte Perry Präzedenzien. Auf japanischer Seite führte die Regierung in Edo die Verhandlungen, alle Verträge zwischen 1854 und 1867 wurden im Namen des Shōgun geschlossen, obschon nach damaliger japanischer Auffassung der Tennō für die Außenbeziehungen zuständig war. Hauptsächliches Ergebnis aller Verhandlungen, die die Regierung in Edo mit den verschiedenen, auf Perry folgenden Emissären aus Europa zu führen hatte, war die Öffnung von Häfen in Honshū und Hokkaidō, die vom Pazifik her leicht zugänglich waren. Nachdem die Verhandlungen durch einen Besuch Perrys im Königreich Ryūkyū unterbrochen worden waren, wurde schließlich nach Perrys Rückkehr in die Bucht von Edo ein Vertrag zwischen Japan und den USA am 31. März 1854 in Kanagawa geschlossen. Dieser Vertrag enthielt die wenigsten ungleichen Bestimmungen im Vergleich zu allen Folgeverträgen bis 1869. Die Präambel nennt in der japanischen wie auch der amerikanischen Fassung die USA als Staat zuerst als Vertragspartei und dann den Shōgun ohne Kaisertitel mit der umschreibenden Formel „August Sovereign of Japan" (Japanisch

Taikun). Aus der Beibehaltung der Abfolge der Nennung der vertragsschließenden Parteien in der englischen und der japanischen Fassung läßt sich begründen, daß die japanische Fassung als Bearbeitung der von Perry zunächst vorgelegten englischen Fassung entstand. Die Regierung in Edo hatte demnach kein Formular, auf das sie nach eigener Tradition zurückgreifen konnte. Das Formular des schriftlich fixierten zwischenstaatlichen Vertrags wurde somit aus der europäischen Tradition adaptiert. Gleichwohl verstand die japanische Regierung die Logik dieses Formulars sehr schnell. Denn schon im nächsten Vertrag, den sie mit dem Vereinigten Königreich abschloss, wurde in der japanischen Fassung zuerst Japan, in der englischen Fassung zuerst das Vereinigte Königreich genannt.

Der Kanagawa-Vertrag beginnt mit der Erklärung, beide Vertragsparteien wollten hinfort ihre Beziehungen in Frieden und Freundschaft gestalten[20]. Dazu versicherte man sich gegenseitig der Absicht, Schiffbrüchige retten

[20] *The Japan Expedition. 1852–1854. The Personal Journal of Commodore Matthew [Calbraith] Perry*, hrsg. von Roger Pineau (Washington, 1968), S. 105, 168–9. Francis Lister Hawks, *Narrative of the Expedition of an American Squadron to the China Seas and Japan under the Commodore M[atthew] C[albraith] Perry, United States Navy* (New York, 1856), S. 409–10 [Neudruck (ebenda, 1857); Nachdrucke (New York, 1952) und (New York, 1967)]. *Dai Nihon Ishin Shiryō*, Bd. 2, Teil 3 (Tōkyō, 1882), S. 402. Vertrag zwischen Japan und den USA vom 31. März 1854 [Kanagawa-Vertrag], Präambel und Art. I, in *Treaties and Conventions Concluded Between Empire of Japan and Foreign Nations* (Tōkyō, 1874), S. 1–2. Auch in *CTS*, Bd. 111, S. 378–87. Die Ausgabe von 1874 ist amtlichen

und versorgen zu wollen[21], obwohl damals noch das für Japan im Jahr 1633 verfügte allgemeine Verbot der Ausreise über See galt[22]. Die japanische Seite gestand den Besatzungen US-amerikanischer Schiffe ausdrücklich nur den Besuch der Häfen von Shimoda und Hakodate zu, wo die Besatzungen Proviant für sich und Treibstoffe für ihre Dampfschiffe erwerben durften (Artikel II und X). Artikel VI und VII bestimmen, daß jede weitere Handelstätigkeit von US-Bürgern in Japan nur nach besonderer Genehmigung durch japanische Behörden erlaubt ist. Zudem findet sich die Bestimmung, daß die Regierung der USA diplomatische Vertreter nach Japan entsenden könne (Artikel XI). Schließlich akzeptierte die japanische Seite die Meistbegünstigungsklausel (Artikel IX). Die US-Seite gestand hingegen Japan keines dieser drei Privilegien ausdrücklich zu. Es findet zwar keine Exemtion der US-Bürger von japanischem Recht statt. Gleichwohl schreibt Artikel V ausdrücklich fest, daß US-Bürger nicht den strengen Verhaltensregeln unterworfen sein sollen, die für Chinesen und Niederländer in Nagasaki Anwendung zu finden scheinen. Der Status der US-Bürger scheint gegenüber demjenigen der Chinesen und Niederländer dadurch

---

Charakters und bringt die Verträge jeweils in japanischer und einer europäisch sprachigen Fassung.

21 Kanagawa-Vertrag, in *Treaties* (wie Anm. 20), Art. III, IV, V und VIII, ebenda, S. 2–3. Der Einschluß dieses Artikels mag auf der Kenntnis der Affäre um die *Morrison* beruhen, die, aus China kommend, im Jahr 1837 bei dem Versuch scheiterte, sieben japanische Schiffbrüchige, von denen drei in die USA gelangt waren, nach Japan zurückzubringen.

22 Das Verbot wurde im Jahr 1866 aufgehoben.

gehoben, daß ihnen auf Drängen Perrys ein größeres Gebiet zugestanden wird, in dem sie sich „frei" bewegen können[23]. Von der Öffnung Japans ist in dem Vertrag dennoch keine Rede. Auch in den Vertragshäfen war freier Handel jenseits des Erwerbs von Proviant und Treibstoff nicht erlaubt. Die Zugeständnisse der japanischen Seite in bezug auf den Schiffsverkehr mit den USA blieben im Rahmen der allgemeinen des Gastrechts für Seeleute. Die japanische Seite widerstand im Jahr 1854 dem westlichen Drängen auf Zulassung des allgemeinen Freihandels erfolgreich. Im Sinn der japanischen Forschung handelt es

---

[23] Kanagawa-Vertrag, in *Treaties* (wie Anm. 20), S. 2–4. Grundsätzlich war nicht nur die Regierung der USA zur Anerkennung von Begrenzungen der Reisemöglichkeiten in einem souveränen Staat bereit, sondern auch europäische Regierungen, wie etwa die britische, nahmen derlei Begrenzungen, beispielsweise gegenüber dem Osmanischen Reich und Siam in Verträgen aus der ersten Hälfte des 19. Jahrhunderts hin. Vertrag zwischen Thailand und den USA vom 20. März 1833, in *CTS*, Bd. 83, S. 211–5. Verträge zwischen zwischen der Türkei und dem Vereinigten Königreich vom 16. August 1838, in *CTS*, Bd. 88, S. 77–84, und zwischen der Türkei und den USA vom 7. Mai 1830, in *CTS*, Bd. 81, S. 7–24. Vertrag zwischen Siam und dem Vereinigten Königreich vom 18. April 1856, in *CTS*, Bd. 113, S. 84–92. Dieser Vertrag gab das Modell ab für den amerikanisch-thailändischen Vertrag vom 29. Mai 1856 in *CTS*, Bd. 115, S. 112–22 und den Freundschafts-, Handels- und Schiffahrtsvertrag zwischen Frankreich und Thailand, 15. August 1856, *CTS*, Bd. 114, S. 392–403.

sich um einen Freundschafts-, aber nicht um einen Handels- und Freundschaftsvertrag.

Zu Streit kam es über Unterschiede in der japanischen und der chinesischen Fassung auf der einen, der englischen und der niederländischen Fassung auf der anderen Seite hinsichtlich der Regelung über die Niederlassung eines konsularischen Vertreters der amerikanischen Regierung in Japan. Die ostasiatischsprachigen Fassungen bestimmten, daß „beide Regierungen" (japanisch: *ryōgoku seifu*) zustimmen müßten, wenn achtzehn Monate nach Vertragsabschluß die US-Regierung einen konsularischen Vertreter nach Shimoda entsenden wolle. Hingegen schrieben die europäischsprachigen Fassungen fest, daß die US-Regierung einen konsularischen Vertreter achtzehn Monate nach Vertragsabschluß entsenden könne, „provided that either of the two governments deem such arrangement necessary". Aus der englischen Fassung leitete die amerikanische Seite in der zweiten Hälfte des Jahrs 1854 den Anspruch ab, einen konsularischen Vertreter auch ohne Zustimmung der japanischen Seite entsenden zu können. Dieser Anspruch widersprach nicht nur der japanischen und der chinesischen Fassung, sondern auch der Logik der Vereinbarung selbst. Denn die Vereinbarung nach der englisch-niederländischen Fassung, der zufolge – wörtlich verstanden – nicht allein der US-Regierung, sondern auch der japanischen Regierung jeweils einseitig ein Recht zugestanden wurde, die Entsendung nur eines amerikanischen konsularischen Vertreters verlangen zu können, ergab überhaupt keinen Sinn. Eine einseitige Vereinbarung zugunsten der Regierung der USA hätte lauten müssen, beide Seiten seien übereingekommen, daß die US-Regierung einen konsularischen Vertreter nach Japan entsenden könne, wenn sie es für nötig halte. Folglich hat nicht nur eine sprachliche Ungenauigkeit einer wohl oberflächlich gehandhabten Prüfung der chinesischen Fassung durch den US-Dolmetscher Samuel Wells Williams und dessen Chinesischlehrer Luo Shen getrotzt, sondern den Verhandlungsführern auf beiden Seiten war die rechtliche Basis von Vereinbarungen über die Entsendung konsularischer Vertreter nur mangelhaft vertraut[24].

Die britische Regierung hatte bereits in den 1830er Jahren Versuche gestartet, offizielle Beziehungen mit der japanischen Regierung aufzunehmen. Diese Versuche waren stets zurückgewiesen worden. Das war nicht allein wegen des 1825 erlassenen Gebots der Zurückweisung ausländischer Schiffe geschehen, sondern auch wegen der besonderen Erfahrungen, die die Behörden in Nagasaki mit dem britischen Schiff *Phaeton* gemacht hatten. Dieses hatte sich im Jahr 1808 Zugang zum Hafen von Nagasaki verschaffen wollen und dabei Gewalt angewandt. Die Erinnerung an diesen Zwischenfall, der die Stellung des zuständigen Daimyats Saga im Rahmen der Verwaltung der Tokugawa stark belastete, war auch in den 1850er Jahren noch präsent[25]. Nachdem die britische Admiralität bereits im Jahr 1827 die Ogasawara („Bonin") Inseln für das Vereinigte Königreich reklamiert hatte, strebte die britische Regierung insbesondere nach Abschluß des Nanjing-Vertrags die Öffnung japanischer Häfen für britische Schiffe

---

[24] Kanagawa-Vertrag (wie Anm. 20), S. 4. Samuel Wells Williams, *A Journal of the Perry Expedition to Japan (1853–1854)* (Tōkyō, 1910), S. 152 (Transactions of the Asiatic Society of Japan. Bd. 23, Nr 2). Einen ähnlichen Vertrag schloß Perry im Namen der Regierung der USA mit der Regierung des Königreichs Ryūkyū am 11. Juli 1854, in *CTS*, Bd. 112, S. 78–9.

[25] Williams, *Journal* (wie Anm. 24), S. 220.

an, die im Pazifik kreuzten. Dabei kam dem Schutz der britischen Kolonie Hongkong vor den ebenfalls im Pazifik operierenden russischen Schiffen eine zunehmende Bedeutung zu. Zu Beginn der 1850er Jahre überwogen jedoch bei britischen Strategen und Politikern die Sorgen um die Sicherheit Hongkongs das Streben nach Öffnung Japans für britische Schiffe. Als die britische Regierung sich entschied, gemeinsam mit der französischen Regierung im Schwarzen Meer gegen Rußland Krieg zu führen, den später sogenannten Krimkrieg (1853–1856), gab sie Weisung an die Verwaltung der Kolonie Hongkong, die Bemühungen um „Öffnung“ Japans vorerst zurückzustellen. Denn man wollte im Pazifik keine weitere Front eröffnen, solange dieser Krieg im Schwarzen Meer dauerte. Der Sicherheit Hongkongs gegen mögliche Repressalien russischer Schiffe sei Vorrang zu gewähren. Entgegen dieser Weisung fuhr jedoch der Marineoffizier James Stirling, der von der Expedition Perrys wußte, im Jahr 1854 nach Nagasaki in der post factum erklärten Absicht, die japanische Regierung auf ihre Haltung im britischen Konflikt mit Rußland zu befragen. Welche Stirlings wirkliche Absicht vor Beginn der Aktion war, läßt sich nicht mehr ermitteln. Jedenfalls erreichte Stirling Nagasaki im September 1854 und übergab dort ein förmliches, an den Gouverneur von Nagasaki (Nagasaki *bugyō*) gerichtetes Schreiben. Darin stellte er die Frage, wie die japanische Regierung zu entscheiden gedenke, falls sie aufgefordert würde, japanische Häfen für die im Schwarzen Meer Krieg führenden Parteien zu öffnen. Dieses auf Englisch vorgelegte Schreiben wurde unter Beteiligung von Jan Hendrick Donker Curtius, dem niederländischen Geschäftsträger in Deshima (*Opperhoofd*), ins Niederländische und aus dem Niederländischen ins Japanische übersetzt. In der japanischen Fassung trug Stirlings Anfrage die Gestalt einer Forderung nach Öffnung japanischer Häfen für britische Kriegsschiffe. Stirling aber hatte seine förmliche Anfrage mit der Begründung versehen, es müsse sichergestellt werden, daß russische Schiffe nicht zum Nachteil des Vereinigten Königreichs japanische Häfen benutzten. Daraus zog die vom Nagasaki *bugyō* unterrichtete Regierung in Edo den Schluß, Stirling wolle Japan zur Parteinahme für das Vereinigte Königreich in dem britischen Krieg gegen Rußland gewinnen. Sie beantwortete die Anfrage mit dem Zugeständnis an Stirling, britische Schiffe könnten die Häfen Nagasaki und Hakodate, erforderlichenfalls auch Shimoda, zu den Bedingungen nutzen, die Perry eingeräumt worden waren. Die Regierung in Edo war zuvor von Donker Curtius davon unterrichtet worden, daß von Hongkong aus Vorbereitungen für eine Expedition nach Japan getroffen würden. Sie war bemüht, die seit 1853 laufenden Verhandlungen mit Rußland nicht dadurch zu erschweren, daß sie der britischen Seite Zugeständnisse machte, die die russische Regierung als Affront würde verstehen müssen. Stirling, der ohne Bevollmächtigung seiner Regierung gereist war, mußte mit einem Ergebnis zurückkehren, wollte er sich nicht der Gefahr disziplinarrechtlicher Verfolgung aussetzen. Er ging daher ohne längeres Zögern auf das Angebot der japanischen Seite ein, falls russischen Kriegsschiffen ebenfalls die allgemeine Benutzung japanischer Häfen verweigert werde. Der schließlich am 14. Oktober 1854 in Nagasaki geschlossene britisch-japanische Vertrag trägt noch in sich das Zeugnis der großen Eile seiner Abfassung, indem er keine seinen Zweck bestimmende Präambel und auch sonst nur ein rudimentäres, die Bevollmächtigten, nicht aber die Vertragsparteien nennendes Protokoll enthält[26].

[26] Die wichtigsten Quellen zu Stirlings Verhandlungen

Bereits im Vertrag von Kanagawa überwog die Zahl der reziproken dispositiven Bestimmungen diejenige der nicht-reziproken. Hingegen wurden in den britisch-japanischen Nagasaki-Vertrag gar keine reziproken Bestimmungen aufgenommen. Der dispositive Teil bleib also vollständig ungleich, wiewohl das nur rudimentäre Vertragsprotokoll wie im Kanagawa-Vertrag die Gleichheit der Parteien als souveräne Staaten festschrieb[27]. Auch in diesem Vertrag, der als erster den europäischsprachigen Kaisertitel „His Imperial Highness the Emperor of Japan" als bevollmächtigenden Herrscher auf japanischer Seite gibt (Präambel, japanisch *Taikun* wie im Kanagawa-Vertrag), blieb es jedoch auf japanischer Seite bei dem Zugeständnis der allgemeinen Regeln des Gastrechts für Seeleute (Artikel III), der Meistbegünstigungsklausel (Arti-

---

sind *Correspondence Respecting the Late Negotiations with Japan* (London, 1856), S. 220–1, 225 (Parliamentary Papers 1856, Bd. 61. = Command Paper 2077). *Dai Nihon Komonjo. Bakumatsu Gaikoku Kankei Monjo*, Bd. 7 (Tōkyō, 1915), Nr 18, S. 39–63, Nr 55, S. 147–50, Nr 79, S. 214–7, Nr 85, S. 247–53, Nr 133, S. 374–83, Nr 137, S. 385–90, Nr 141, S. 408–10, Nr 142, S. 410–8, Nr 148, S. 425–7, Nr 151, S. 439–41. *Bakumatsu Dejima mikōkai monjo. Donkeru Kuruchiusu oboegaki*, hrsg. von Miyako Vos-Kobayashi (Tōkyō, 1992), S. 90–100.

[27] Vertrag zwischen Japan und dem Vereinigten Königreich vom 14. Oktober 1854 [Nagasaki-Vertrag], Präambel, in *Treaties* (wie Anm. 20), S. 6–7. Auch in *CTS*, Bd. 112, S. 246–50. Die Artikel des dispositiven Teils regeln ausschließlich Belange britischer Untertanen in Japan.

kel V) sowie der Öffnung zweier spezifizierter Vertragshäfen in Hakodate und Nagasaki für den Erwerb von Proviant und Treibstoff durch die Besatzungen britischer Schiffe (Artikel I, III). Überdies wurden britische Untertanen nunmehr ausdrücklich japanischem Recht unterworfen (Artikel IV). Obzwar die britische Regierung mit mehr Nachdruck als die US-Regierung darauf bestanden zu haben scheint, die Grundsätze des Nanjing-Vertrags gegenüber Japan auch ohne den Einsatz militärischer Mittel durchsetzen zu wollen, war sie – gemessen am Nanjing-Vertrag – nur begrenzt erfolgreich. Nicht einmal die Möglichkeit zur Entsendung eines diplomatischen Vertreters wurde der britischen Seite schriftlich zugestanden. Sie kam in den Genuß dieses Privilegs durch die Meistbegünstigungsklausel, da dieses Privileg der US-Regierung zugestanden worden war. Diese Klausel wurde aber, anders als im Kanagawa-Vertrag, im britisch-japanischen Vertrag eingeschränkt durch die Bestimmung, daß die Privilegien, die die Chinesen und Niederländer in Nagasaki hatten, für Briten keinesfalls gelten sollten. Briten erschienen daher gegenüber Chinesen und Niederländern in einer schwächeren Position. Die japanische Seite widerstand auch gegenüber der britischen Regierung dem Druck auf Anerkennung allgemeiner Freihandelsregeln.

Die britische Regierung war folglich mit der Expedition Stirlings unzufrieden und unternahm nach Abschluß des Krimkriegs einen neuen Versuch. Dieser sollte nach der Instruktion des Earl of Clarendon an den Leiter der Expedition, den Earl of Elgin, darin bestehen, mit der japanischen Regierung einen Vertrag zu schließen, der dieselben Grundsätze festschreibe, die mit der chinesischen Regierung vereinbart worden seien. Darin schloß Clarendon ausdrücklich das Ziel ein, mit der japanischen Seite Handelsbeziehungen zu vereinbaren, die für die britische Seite mindestens so vorteilhaft seien wie die mit der chinesischen Regierung vereinbarten. Damit war die „Öffnung" Japans für den allgemeinen, das heißt nicht nur britische Kaufleute begünstigenden, Freihandel gemeint. Für die britische Regierung sei die Förderung der in der Anerkennung von Freihandelsregeln manifesten „Zivilisation" zum allgemeinen Nutzen vorrangig. Elgin, der sich vom 17. bis 31. August 1858 in Japan aufhielt, antwortete in seinem Bericht nach Abschluß der Mission, er habe seinen Auftrag erfüllen können, wenngleich auch ihm nur die „Öffnung" weniger weiterer Vertragshäfen gelang. „Die Tür zur allmählichen Einrichtung von Handels- und Freundschaftsbeziehungen zwischen den Völkern des Westens und Japans" sei dennoch geöffnet, und er sei geneigt zu glauben, daß die Beziehungen herzlichst und innigst werden würden, sofern der Westen sich nicht durch ungerechte und aggressive Akte Feinde unter den „Eingeborenen" verschaffe[28].

Der gleichwohl vorwaltenden Unzufriedenheit der britischen Seite verlieh der schottische Sekretär Laurence Oliphant vehementen Ausdruck. Oliphant gehörte Elgins Expedition an und wurde während seines zweiten Japanaufenthalts im Jahr 1861 Opfer eines Attentats, an dessen Folgen er lebenslang litt. In seinem offiziösen Bericht über die zweite britische Ostasienexpedition beklagte er noch fünf Jahre nach dem Abschluß des Nagasaki-Ver-

---

[28] Instruktion des Earl of Clarendon an den Earl of Elgin, 20. April 1857, London, National Archives, FO 405/2, S. 23. Bericht Elgins an den Earl of Malmesbury, 20. August 1858, ebenda, S. 630–631. Der Vertrag liegt vor in *Treaties* (wie Anm. 20), S. 111–29. Auch in *CTS*, Bd. 119, S. 402–12.

trags den Umstand, daß Japan für den Freihandel nicht hatte geöffnet werden können. Die britische Regierung möge sich die militärische Option zur Errichtung direkter Kolonialherrschaft offenhalten, sofern die friedliche Durchsetzung allgemeiner Freihandelsregeln nicht doch noch möglich werde. Die Wahl der militärischen Option gegenüber Japan konnte in der Sicht der europäischen Kolonialregierungen durchaus realistisch erscheinen. Im Jahr 1855 befanden sich 31 ausländische Schiffe, darunter 19 westliche Kriegsschiffe, auf Reede vor Hakodate[29] und 1862 immerhin ungefähr 15 im Hafen von Yokohama[30]. Oliphant ließ jedoch keine Zweifel an seiner Zuversicht, daß der Japanhandel für britische Kaufleute lohnend sein und daß die britische Regierung keinesfalls von ihren Zielen abgehen, sondern für sich die Kompetenz zum Bestimmen der Regeln des Freihandels, der Grundsätze des Völkerrechts und der Agenda der Diplomatie in ihren Beziehungen mit Ostasien werde reklamieren können.

Skeptischer als Oliphant war Rutherfod Alcock, der erste britische Ministerresident in Japan. Während eines Heimaturlaubs 1861 hielt er vor der Royal Geographical Society in London einen Vortrag und gab darin seine Stellungnahme zu den Aussichten für den Japanhandel ab. Alcocks Einschätzung wich grundsätzlich von dem zuvor allerorts geübten Optimismus ab. Er prognostizierte geringe Exportaussichten für britische Hersteller, da Japan über

---

[29] *Hakodate-shi* (Hakodate, 1990), S. 52. Mormanne, ‚La prise' (wie Anm. 7), S. 209–10.

[30] Caspar Brennwald, [Tagebuch], hrsg. von Thomas Immoos, *Wie die Eidgenossen Japan entdeckten, OAG aktuell* (Tōkyō, 1982), S. 35–6.

ein leistungsfähiges Handwerk und einen gut organisierten Markt verfüge. Gleichzeitig schöpfe aber eine traditional legitimierte Kriegerkaste so viel Kaufkraft aus dem Markt, daß der allgemeinen Bevölkerung wenig Möglichkeit zum Erwerb ausländischer Produkte bleibe. Auch sah Alcock politische Instabilität voraus und meinte, dem sozialen Ordnungsgefüge, das ihm als japanischer Feudalismus erschien, stehe ein gewaltsamer Umbruch im Stil einer bürgerlichen Revolution bevor. Es lohne sich also für britische Produzenten kaum, in den japanischen Markt zu investieren. Das Ziel, Japan in das weltweite Freihandelsregime zu integrieren, sei zweitrangig[31].

Die russische Regierung hatte seit dem Ende des 18. Jahrhunderts wiederholte Versuche unternommen, mit der japanischen Regierung Beziehungen aufzunehmen. In der Tradition dieser Versuche stand die Expedition des Marine-Kommandeurs Evfimii Vasilevich Putiatin, der Anfang 1853 von London aus nach Japan aufbrach, wegen der Notwendigkeit von Reparaturen an seinem Schiff aber erst nach Perry am 21. August 1853 dort eintraf. Die Verhandlungen gestalteten sich schwierig, da die japanische Regierung es zur selben Zeit mit der amerikanischen und der britischen Delegation zu tun hatte. Insbesondere die zeitgleiche Anwesenheit der britischen und der russischen Delegation brachte für die japanische Seite wegen des Krimkriegs Probleme der Verhandlungsführung mit sich. Sie führten dazu, daß die zunächst in Nagasaki geführten

---

[31] Rutherford Alcock, ‚Extracts from the Narrative of a Journey through the Interior of Japan', *Journal of the Royal Geographical Society* (1861), S. 201–2. Ders., *The Capital of the Tycoon*, Bd. 1 (London, 1863), S. 282–3.

Verhandlungen mit Putiatin abgebrochen und erst Ende 1854 in Shimoda wieder aufgenommen wurden. Da in der Zwischenzeit bereits zwei Verträge geschlossen worden waren, konnten die Verhandlungsführer auf japanischer Seite an Präzedenzien anknüpfen.

Der japanisch-russische Vertrag vom 7. Februar 1855 tituliert den Shōgun als „Zyne Majesteit de Groote Heerscheer van geheel Japan“ (Präambel, japanisch *Taikun*), was eine Variante der im Kanagawa-Vertrag gebrauchten Titulatur ist. Gleichwohl enthält dieser Vertrag eine Reihe von neuen Abmachungen. Erstmalig in diesem Vertrag ist in allgemeinen Bestimmungen von Handel die Rede. Das Formular des Friedensvertrags gerann so zum Protokoll eines umfassenden Handels- und Freundschaftsvertrags[32]. Artikel IV schrieb wechselseitig die Pflicht zur Rettung Schiffbrüchiger vor und Artikel VIII bestimmte die Freizügigkeit von Russen in Japan und Japanern in Rußland, gestattete die Festnahme von Rechtsbrechern durch örtliche Behörden, sah aber die Aburteilung nach dem Recht des Herkunftslands vor. Gleichwohl schloß das Zugeständnis der Personalität des Strafrechts keine Vereinbarung über Exterritorialität im Hauptteil des Vertrags ein. Zivilrechtliche Regelungen blieben ausgeklammert, woraus folgt, daß für diese Belange territoriales Recht galt. Die Reziprozität dieser Regelungen ergab sich aus dem Umstand, daß beide Staaten über eine im Vertrag selbst geregelte gemeinsame Grenze verfügten, die die Wahrscheinlichkeit des Aufenthalts von Untertanen auf dem

---

[32] Vertrag zwischen Japan und Rußland vom 7. Februar 1855 [Shimoda-Vertrag], Präambel und Art. I, in *Treaties* (wie Anm. 20), S. 9–10. Auch in *CTS*, Bd. 112, S. 468–71.

Territorium des jeweilig anderen Staats bedingte (Artikel II, VIII). Darüber hinaus jedoch kam mit diesem Vertrag der Gegensatz von reziprokem Protokoll und überwiegend nicht-reziproker Disposition voll zum Austrag. Die Implementierung der von der russischen Seite diktierten Regeln des allgemeinen Freihandels war zur ausschließlich japanischen Angelegenheit geworden, die von einem russischen Konsul kontrolliert werden konnte (Artikel VI, VII). Die Entsendung eines japanischen Konsuls nach Rußland hingegen sah der Vertrag nicht vor. Zwar blieb die japanische Regierung auch gegenüber Rußland hart und öffnete nur die drei Häfen Shimoda, Hakodate und Nagasaki für den Besuch russischer Schiffe, aber die Besatzungen und andere an Bord befindliche Personen durften in den Häfen Shimoda, Hakodate und Nagasaki über den Erwerb von Proviant und Treibstoff hinaus uneingeschränkt Handel treiben (Artikel III, V). Eine Zusatzbestimmung zu Artikel VI erläuterte, daß Russen im Konsulatsgebäude nach ihren eigenen Gewohnheiten und Gesetzen leben könnten. Aus dieser Formulierung konnte das Zugeständnis der Exterritorialität an Rußland abgeleitet werden. Über die zuvor zugestandene Meistbegünstigungsklausel kamen nunmehr auch US-Amerikaner und Briten in den Genuß dieser Zugeständnisse (Artikel IX)[33]. Bei dem japanisch-russischen Abkommen handelt es sich um einen in das Formular des Friedensvertrags gekleideten Grenzvertrag.

Der japanisch-niederländische Vertrag vom 30. Januar 1856 hat insoweit eine Sonderstellung, als er zwischen Parteien geschlossen wurde, die bereits seit dem 17. Jahrhundert Handelsbeziehungen unterhielten. Seit der Ent-

---

[33] Shimoda-Vertrag, in *Treaties* (wie Anm. 20), S. 10–2.

stehung des Königreichs der Niederlande zu Beginn des 19. Jahrhunderts waren diese Beziehungen in der Sicht beider Seiten zwischenstaatlichen Charakters gewesen. In diesem Vertrag wurde nunmehr der Grundsatz der Anerkennung der Gleichheit der vertragschließenden Parteien beibehalten, zugleich aber auf das Formular des umfassenden Friedens- und Freundschaftsvertrags verzichtet. Hingegen enthielt dieser Vertrag als erster in seinem Hauptteil Bestimmungen zur Konsulargerichtsbarkeit, die einseitig den Niederlanden zugestanden wurde. Ebenso einseitig gestand die japanische Regierung den Niederlanden die Privilegien der Freiheit der Bewegung und des Handels mit Japanern und Angehörigen anderer Nationen in der Stadt Nagasaki sowie des Waffentragens zu, solange die Niederländer sich in Stadt und Bucht von Nagasaki aufhielten (Artikel I, V, XII, XXII und XXIII). Im übrigen bestätigt der Vertrag frühere Regelungen, die in der Zeit der niederländischen Handelstätigkeit in Japan seit dem 17. Jahrhundert getroffen worden waren (Artikel XII – bauliche Veränderungen an Wohn- und Lagerhäusern in Deshima –, Artikel XIX – Aufbewahrung der Handelsgüter in Deshima –, Artikel XXVI – Geschenke)[34].

Zwischen Juli und Oktober 1858 kam es zu einer Serie von fünf Verträgen, die die Regierung in Edo in schneller Abfolge und nach jeweils kurzer Verhandlungsdauer schloß. Es handelt sich um den zweiten Vertrag mit den

---

[34] Vertrag zwischen Japan und den Niederlanden vom 30. Januar 1856, Präambel, in *Treaties* (wie Anm. 20), S. 15–21. Auch in *CTS*, Bd. 114, S. 226–9 (Niederländische Fassung), S. 230–3 (Englische Fassung).

USA vom 29. Juli 1858[35], den zweiten Vertrag mit den Niederlanden vom 18. August 1858[36], den zweiten Vertrag mit Rußland vom 19. August 1858[37], den zweiten Vertrag mit dem Vereinigten Königreich vom 26. August 1858[38] und den ersten französisch-japanischen Vertrag vom 9. Oktober 1858[39]. Alle fünf Verträge haben ein ähnliches Formular, enthalten jeweils beigeschlossene Handelsregulative und sind inhaltlich aufeinander bezogen. Es handelte sich wiederum um Freundschafts- und Handelsverträge, für deren Gestaltung das Formular des Friedensvertrags Anwendung fand. Da sie nach damals in Japan gebräuchlicher Jahreszählung in der Ansei-Periode (1854–1860) geschlossen wurden, werden sie auch als Ansei-Verträge bezeichnet. Der von Townsend Harris als Geschäftsträger auf amerikanischer Seite ausgehandelte Vertrag vom 29. Juli 1858 setzte den Rahmen, der auf die weiteren Verträge Anwendung fand. Er bezeichnet als erster europäischsprachiger Vertragstext den Herrscher Japans unter Verwendung der japanischen Titulatur als „Tycoon of Japan", bestätigt gegenüber den USA diejenigen Privlegien, die die japanische Regierung zwischenzeitlich anderen Partnern zugestanden hatte, insbesondere die

---

[35] *Treaties* (wie Anm. 20), S. 52–70. Auch in *CTS*, Bd. 119, S. 254–80.

[36] *Treaties* (wie Anm. 20), S. 71–89. Auch in *CTS*, Bd. 119, S. 314–32.

[37] *Treaties* (wie Anm. 20), S. 90–110. Auch in *CTS*, Bd. 119, S. 338–47.

[38] *Treaties* (wie Anm. 20), S. 111–29. Auch in *CTS*, Bd. 119, S. 402–12.

[39] *Treaties* (wie Anm. 20), S. 130–50. Auch in *CTS*, Bd. 120, S. 8–20.

Konsulargerichtsbarkeit für Straftaten unter US-Bürgern in Japan, für gemischte Strafrechtsfälle, in denen US-Bürger Straftaten gegen japanische Untertanen begingen, sowie zivilrechtliche Fälle, in denen japanische Untertanen gegen US-Bürger schuldrechtliche Forderungen erhoben (Artikel VI); erlaubt die wechselseitige Bestellung diplomatischer Vertreter im jeweiligen Vertragspartnerstaat (Artikel I); fügt das Zugeständnis hinzu, daß in Japan alle Sorten ausländischer Münzen zirkulieren dürfen (Artikel. V); ersetzt Shimoda durch Kanagawa [= Yokohama] als Vertragshafen (Artikel II); gestattet US-Bürgern den Zuzug in die Hauptstadt Edo mit Wirkung vom 1. Januar 1862 sowie in die Stadt Ōsaka mit Wirkung vom 1. Januar 1863 und fügt die Orte Nagasaki, Niigata und Kōbe als Vertragshäfen zu. Das Handelsregulativ spezifiziert die Bedingungen, unter denen zwischen den vertragsschließenden Parteien Handel betrieben werden soll und setzt den Zoll von fünf Prozent für die Ausfuhr aller japanischer Erzeugnisse fest. Zugleich dürfen Gold, Silber und wesentliche Konsumartikel wie Kleidungsstücke, Hausgeräte, Hausrat und Bücher zollfrei nach Japan eingeführt werden[40].

---

[40] Japan-USA-Vertrag, in *Treaties* (wie Anm. 20), Präambel, Art. III, V, VI. Die Häfen Kōbe und Niigata wurden tatsächlich erst am 1. Januar 1868 geöffnet. Handelsregulativ, Art. VII, *Treaties* (wie Anm. 20), S. 69–70. Nur in Art. II wurde eine für diesen Vertrag spezifische Regelung getroffen. Derzufolge wird dem Geschäftsträger der USA in Japan auf Antrag der japanischen Regierung die Befugnis eingeräumt, als Vermittler zwischen dieser und jedweder europäischen Macht zu handeln. Harris nahm diese Vermittlerrolle allein jedoch nur in den 1850er Jahren wahr. Bei den

Da der französisch-japanische Vertrag als letzter in dieser Serie zugleich das erste Abkommen war, das die japanische Regierung mit Frankreich schloß, soll er hier ausführlicher zur Sprache kommen. Das Protokoll des französisch-japanischen Vertrags folgt der etablierten Praxis und drückt die Gleichheit der vertragsschließenden Souveräne aus. Wie sein britisch-japanischer Vorläufer, aber abweichend von den übrigen Ansei-Verträgen, spezifiziert dieser Vertrag in seiner französischen Fassung den Titel des Souveräns von Japan wieder mit der europäisch sprachigen Titelbezeichnung „Empereur du Japon". Außerdem weicht der Vertrag von seinen Vorgängern darin ab, daß er die Reziprozität der Beziehungen zwischen beiden vertragsschließenden Parteien ausdrücklich stipuliert mit der Aussage, es werde geschlossen „un Traité de paix, d'amitié et de commerce basé sur l'intérêt réciproque des deux pays"[41]. Dem Gebrauch einer europäischsprachigen Titelbezeichnung folgte nur noch der japanisch-portugiesische Vertrag im Zeitraum bis 1869 und die ausdrückli-

---

Verträgen, die in den früheren 1860er Jahren mit Preußen und der Schweiz geschlossen wurden, traten neben Harris hingegen der niederländische Geschäftsträger Polsbroek und der französische Geschäftsträger de Bellecourt als Vermittler hervor.

[41] Französisch-japanischer Vertrag, in *Treaties* (wie Anm. 20), S. 130. Derselbe Titel steht im britsch-japanischen Vertrag, während in den in niederländischer Sprache abgefaßten Verträgen mit Rußland und den Niederlanden der Titel „Taikoen" lautet. *Treaties* (wie Anm. 20), S. 52–53, 71–72, 90–91, 111–112. Sonderbar ist, daß auch in der japanischen Fassung Frankreich zuerst genannt wird.

che Festschreibung der Reziprozität der mit dem Vertrag verbundenen Interessen fand in späteren Verträgen keine weitere Anwendung. Gleichwohl belegt der französisch-japanische Vertrag, daß der japanischen Seite der Begriff des Interesses von Staaten vertraut war und folglich der Souveränitätsbegriff nicht allein personal, sondern auch in Anbindung an Institutionen des Staats aufgefaßt wurde. Die Reziprozität wird in den beiden allgemeinen Artikeln des dispositiven Teils beibehalten, die bestimmen, daß zwischen den Parteien ewiger Friede herrschen soll und diplomatische Vertreter ausgetauscht werden können (Artikel I und II). Wie in den voraufgehenden Ansei-Verträgen beginnen mit Artikel III die ungleichen Bestimmungen, die einseitig nur diejenigen Rechte und Pflichten festschreiben, die die französischen Untertanen in Japan betreffen. So bestimmt Artikel III die von japanischer Seite für Franzosen zu öffnenden Vertragshäfen und nennt wie im amerikanisch-japanischen Vertrag von 1858 Hakodate, Kanagawa [= Yokohama] und Nagasaki, die ab 15. August 1859 zugänglich sein, sowie Niigata und Kōbe, die jeweils mit Wirkung vom 1. Januar 1860 und 1. Januar 1863 offenstehen sollen[42]. Es folgen Regelungen zur Freiheit der Religionsausübung (Artikel IV) und der Jurisdiktion (Artikel V und VI). In Artikel VII räumt die japanische Regierung einseitig die gemischte Konsulargerichtsbarkeit ein und gesteht in Artikel VIII ebenso einseitig allgemeine Handelsfreiheit zu. Artikel IX bis XIII regeln Handelsfragen, Artikel XIV gestattet den freien Verkehr mit ausländischen Münzen. Artikel XV bis XVIII betreffen Zoll- und Schifffahrtsangelegenheiten, Artikel

---

[42] Französisch-japanischer Vertrag, in *Treaties* (wie Anm. 20), Art. III, S. 131–3.

XIX enthält die Meistbegünstigungsklausel, Artikel XX bestimmt den Zeitpunkt, zu dem frühestens Revisionsverhandlungen beginnen können, und zwar wie die Vorgängerverträge der Ansei-Periode mit dem 15. August 1872, und Artikel XXI schreibt das Französische als Verkehrssprache in den Verhandlungen zwischen der französischen und der japanischen Regierung vor. Lediglich für eine Übergangsfrist von fünf Jahren wird zugestanden, daß die französische Seite ihren Schriftsätzen japanische Übersetzungen beigeben werde. Artikel XXII formuliert die Schlußbestimmungen.

Die Ansei-Verträge, insbesondere die Zulassung ausländischer Schiffe in weiteren Vertragshäfen, brachten die Regierung in Edo in erhebliche Bedrängnis. Der Widerstand einiger Daimyō führte nicht nur dazu, daß der Tennō schließlich den Shōgun nach Kyōto zitierte, die Anerkennung der Verträge verweigerte und den Shōgun zu deren Annullierung verpflichtete, sondern auch 1863 zu militärischen Aktionen gegen ausländische Schiffe. Der Widerstand nötigte die Regierung in Edo dazu, ihre Schwierigkeiten den Vertragspartnern zu offenbaren. Die Vertreter, die die Regierung in Edo nach Maßgabe der Ansei-Verträge nach London entsandt hatte, wurden deswegen bei der britischen Regierung vorstellig und verlangten einen Aufschub der vertraglich vorgesehenen Frist zur Zulassung weiterer Häfen für den internationalen Handelsverkehr. Ergebnis war das Londoner Protokoll vom 6. Juni 1862, in dem die britische Regierung diesem Begehren zwar zustimmte, im Gegenzug aber die Aufhebung aller noch bestehenden internen Handelshemmnisse verlangte. Das Protokoll zeitigte indes nicht nur nicht die von japanischer Seite beabsichtigte Wirkung, sondern zog sogar nach sich die vorläufige bilaterale Pariser Konvention vom 25. Juni 1864 zwischen

Frankreich und Japan und die endgültige quatrilaterale Shimonoseki-Konvention vom 22. Oktober 1864 zwischen Japan einerseits, Frankreich, den Niederlanden, den USA und dem Vereinigten Königreich andererseits. Alle Konventionen schrieben jeweils hohe Ersatzzahlungen für Schäden fest, die amerikanischen, britischen, französischen und niederländischen Schiffen durch Beschuß von der Festung Shimonoseki zugefügt worden waren. Die Pariser Konvention bezifferte diese Zahlungen zunächst auf 140.000 mexikanische Dollar, während die Konvention von Shimonoseki die Gesamtforderung an alle beteiligten westlichen Regierungen auf 3 Millionen Dollar festsetzte, in denen der in der Pariser Konvention bezifferte Betrag eingeschlossen war. Die Regierung in Edo konnte die Zahlung nur vermeiden, wenn sie den Hafen von Shimonoseki für den allgemeinen Handel öffnete. Obschon in der Präambel zur Konvention von Shimonoseki von „indemnities of war" die Rede ist, wird nicht der Regierung in Edo, sondern dem Daimyō von Nagato und Suwo die direkte Verantwortlichkeit für die militärischen Aktionen zugeschrieben. Japan befand sich demnach nicht im Kriegszustand, und der Beschuß war keine Verletzung der bestehenden Verträge durch die Regierung in Edo gewesen. Sie widerstand auch jetzt noch der Forderung nach „Öffnung" von Shimonoseki als zusätzlichem Vertragshafen[43].

[43] Londoner Protokoll vom 6. Juni 1862, in *Treaties* (wie Anm. 20), S. 223–6. Konvention von Paris vom 25. Juni 1864, in ebenda, S. 227–9. Konvention von Shimonoseki vom 22. Oktober 1864, in ebenda, S. 230–3.

Der auf die Ansei-Verträge folgende nächste Vertrag kam zwischenzeitlich dennoch am 3. August 1860 zwischen Japan und Portugal zustande. Er folgt in allen wesentlichen Einzelheiten dem französisch-japanischen Vertrag, unter Einschluß der Verwendung der europäischsprachigen Bezeichnung „Imperado do Japão“ als Titel für den Shōgun[44]. Bemerkenswert ist, daß das Formular der Vorgängerverträge auch in Bezug auf die Zusicherung der Religionsfreiheit angewendet wurde, obschon zu Beginn der Edo-Zeit Portugiesen wegen ihrer missionarischen Tätigkeit aus Japan ausgewiesen worden waren (Artikel IX). Für die völkerrechtliche Gestaltung der zwischenstaatlichen Beziehungen spielten also in japanischer Sicht zu diesem Zeitpunkt Erinnerungen an die Vergangenheit keine rechtsrelevante Rolle.

Die nachfolgenden Verträge gestalteten das Modell der Ansei-Verträge weiter aus. Der zwischen Japan und Preußen am 24. Januar 1861 geschlossene Handels- und Freundschaftsvertrag eröffnet mit der Bezeichnung der durch ihn verbundenen Parteien und folgt darin präzise dem Gebot der Festschreibung der Gleichheit der vertragschließenden Souveräne. Die Präzision, mit der beiden Seiten das Gleichheitsprinzip beachteten, erstreckt sich bis in die Abfolge der Nennung der offiziellen Namen der beteiligten Souveräne. Während in der deutschen Fassung der König von Preußen zuerst genannt ist, steht in der japanischen Fassung der Shōgun unter dem Titel *Taikun* zuerst. Interessant ist, daß als regierender Herrscher auf preußischer Seite König Friedrich Wilhelm IV. erscheint,

---

[44] Vertrag zwischen Japan und Portugal vom 3. August 1860, in *Treaties* (wie Anm. 20), S. 151–70. Auch in *CTS*, Bd. 122, S. 306–316.

der bereits am 2. Januar 1861 verstorben war[45]. Die den Vertrag in Japan paraphierenden Vertreter Preußens konnten von dem Todesfall zwar nichts wissen, gleichwohl blieb die Fehlbezeichnung auch später unkorrigiert, da sich im 19. Jahrhundert die Trennung von Amt und Amtsträger bereits so weit durchgesetzt hatte, daß die Nennung eines Toten als Repräsentant eines Staats keine juristischen Probleme bezüglich der Gültigkeit des Vertragswerks mehr aufwarf. Die japanische Seite scheint von der Kalamität nicht unterrichtet worden zu sein. Hingegen spielte bei den Verhandlungen der Umstand eine Rolle, daß der regierende König Friedrich Wilhelm IV. krankheitshalber durch seinen Bruder Wilhelm als Regenten vertreten wurde, der die Vollmacht des preußischen Gesandten Friedrich Graf zu Eulenburg unterschrieben hatte. Auf die Einlassung des Gesandten, der König sei krank, fragten seine Gesprächspartner, die *bugyō* Hori Oribe no Kami, Takemoto Jusho no Kami und Kurokawa Sachū, warum der König dann nicht abdanke. Der Einwand konnte nach einem Vortrag Eulenburgs über das preußische Staatsrecht so weit entkräftet werden, daß sich die japanische Seite mit der Unterschrift des Regenten abfand. Unnachgiebig zeigte sich die Regierung in Edo in einem weiteren Streitpunkt. Die preußische Seite strebte an, den Vertrag gemeinsam mit ihren Partnern im Zollverein, das heißt unter Ausschluß Österreichs, zu schließen. Sie wollte dadurch erreichen, daß für alle Angehörigen des Zollvereins in Japan Rechtssicherheit insoweit ge-

---

[45] Vertrag zwischen Japan und Preußen vom 21. Januar 1861, in *Treaties* (wie Anm. 20), S. 186–206. Auch in *CTS*, Bd. 123, S. 448–58. Präambel, *Treaties* (wie Anm. 20), S. 186.

währleistet würde, daß die japanische Regierung durch Vertrag gezwungen sein sollte, Untertanen aller Staaten des Zollvereins auf ihrem Territorium zu dulden. Eben diese Rechtssicherheit schien der preußischen Seite ohne ausdrücklichen Vertrag nicht gegeben. In den ab 13. Dezember 1860 geführten förmlichen Verhandlungen wies die japanische Seite, sehr zum Verdruß des Leiters der preußischen Expedition, dieses Ansinnen zurück und lehnte den Abschluß eines Vertrags mit Preußen und dem Zollverein ab. Hauptgrund dafür war die japanische Auffassung, daß die Verfassung des Zollvereins derjenigen der USA ähnlich sei und die preußische Regierung mit einem bilateralen Vertrag ebenso zufrieden sein müsse wie es die Regierung der USA sei. Eulenburgs Einwand, dies sei wegen der Souveränität der Angehörigen des Zollvereins nicht möglich, fruchtete nichts[46].

Den deutschen Text charakterisiert überdies eine Tendenz zum Exotismus. So wird die Titulatur Shōgun mit dem japanischen Original, jedoch in der Schreibung „Taikuhn" wiedergegeben[47]. Das ‚h' nach dem ‚u' soll sprach-

---

[46] Tagebücher der preußischen Gesandtschaft haben sich erhalten im Bundesarchiv – Militärarchiv, BA-MA RM 1/2350 und RM 1/2877, dort insbesondere fol. 171r-176r.

[47] Ebenso in den Tagebüchern der Expedition nach anfänglicher Unsicherheit in der Schreibung des Titels (Bundesarchiv-Militärarchiv RM 1/2877, fol. 47r, 5.8.1860: „Tycoon"; fol. 87r, 5.9.1860: „Taikun"; fol. 120v, 13.10.1860: „Taikuhn"; fol. 126v, 20.10.1860: „Taikuhne"; fol. 146r, 13.10.1860: „Taikuhn"); wohl nach Vorbild von englisch Tycoon, das von Alcock popularisiert wurde. Siehe Alcock, *The Capital of the*

liche Länge indizieren, wo ein kurzer Vokal zu sprechen war. So steigerten die falsch plazierten Diakritika die Länge des Titels und verfestigten ein fremdartig wirkendes Schriftbild. Bemerkenswert ist überdies, daß der Titel in diesem Vertrag wieder in originalsprachiger Fassung gegeben wird und nicht mit der aus der älteren europäischen Japanliteratur überkommenen Bezeichnung Emperor oder Kaiser[48]. Wichtiger aber ist, daß der japanisch-preußische Vertrag wie seine Vorläuferverträge den Shōgun als Souverän auf japanischer Seite nennt. Die preußische wie andere Regierungen in Europa und den USA hielten noch um die Mitte des 19. Jahrhunderts den Tennō für politisch unwichtig, obschon dessen auch politische Bedeutung in der Forschung längst beschrieben worden war[49]. Völlig unbeeindruckt von wissenschaftlichen Quisquilien diri-

---

Tycoon (wie Anm. 31), Titel. Zuvor gebrauchte Sherard Osborn, *A Cruise in Japanese Waters* (Edinburgh und London, 1859), S. 31, die japanische Bezeichnung in der Form „Tai-koon“, die er mit „Temporal Emperor“ gleichsetzte.

48 So schon Bernhard Varen, *Descriptio regni Japoniae* (Amsterdam, 1649), Kap. IV. Deutsche Fassung, u.d.T. *Beschreibung des japanischen Reiches*, hrsg. von Martin Schwind und Horst Hammitzsch (Darmstadt, 1974), S. 51.

49 Das Urteil, daß der Tennō politisch bedeutungslos sei, resultierte aus Engelbert Kaempfers Interpretation des Machtverhältnisses zwischen Shōgun und Tennō. Nach Kaempfer war der Tennō der für Kanonisierungen zuständige „presente pontificiale Abgott“ [Engelbert Kaempfer, *Heutiges Japan*, hrsg. von Wolfgang Michel und Barend J. Terwiel (München, 2001), S.

gierten sämtliche Regierungen in Europa und den USA zwischen 1853 und 1868 ihre Expeditionen in die Bucht von Edo, nicht aber in das Kansaigebiet.

Im dispositiven Teil behält der allgemeine Artikel I des japanisch-preußischen Vertrags die Reziprozität der Bestimmungen bei. Der Tradition des Friedensvertragsformulars folgend stipuliert dieser Artikel einen beständigen Frieden und eine ebenso beständige Freundschaft zwischen Japan und Preußen. Auch Artikel II signalisiert Reziprozität, indem er die Einsetzung diplomatischer Vertretungen auf beiden Seiten zuläßt. Danach jedoch beginnen spezielle Bestimmungen, die sämtlich nicht-reziprok sind und nur Rechte und Pflichten preußischer Untertanen in Japan betreffen. Die hauptsächlichen dieser speziellen Bestimmungen beinhalten die Öffnung von drei Vertragshäfen in Hakodate, Kanagawa und Nagasaki für preußische Schiffe (Artikel III, XII, XIII, XIV und XVI), das Zugeständnis der Konsulargerichtsbarkeit an Preußen auf japanischem Boden (ArtikelV, VI und VII)[50] und die Einführung ungleich hoher, japanische Erzeugnisse benachteiligender Importzölle[51]. Weitere Bestimmungen regeln jeweils nicht-reziprok die Freiheit der Religionsausübung und die Freiheit des Handels in den Vertragshäfen für Preußen; das Recht preußischer Untertanen, japanische

---

174 (Kaempfer, Werke, Bd. 1)], woraus Kaempfers Übersetzer Johann Gaspar Scheuchzer die Bezeichnung „Japanese Pope“ ableitete [Engelbert Kaempfer, *The History of Japan*, Bd. 1 (London, 1727), S. 206].

50 Japanisch-Preußischer Vertrag, in *Treaties* (wie Anm. 20), Art. I, S. 187–9, 190–5.

51 Dto, Handels-Regulativ, Art. VII, in *Treaties* (wie Anm. 20), S. 204–5. Ebenso in den Ansei-Verträgen.

Untertanen in Dienst zu nehmen; die Verpflichtung japanischer Behörden zur Verhinderung von Schmuggel; die Bestellung von Lotsen für einfahrende preußische Schiffe; die Aufhebung des Münzprivilegs der japanischen Regierung; die Versorgung von preußischen Schiffbrüchigen; das Recht, preußische Kriegsschiffe in Japan mit Proviant versorgen zu lassen; die Zusicherung der Meistbegünstigung für Preußen; die Vereinbarung, Revisionen des Vertrags erst ab 1. Juli 1872 zur Verhandlung zuzulassen; und die Einräumung des Rechts, die amtliche Korrespondenz Preußens mit japanischen Behörden in deutscher Sprache führen zu können (letzteres mit der Maßgabe, daß die preußische Seite fünf Jahre lang ihren Schriftsätzen japanische Versionen beifügen werde; Artikel IV, VII, IX, XI, XV, XVII, XVIII, XIX, XX und XXI).

Die Vorstellungen, die viele Angehörige nicht nur der preußischen wie auch früherer westlicher Ostasienexpeditionen von Japan hegten, folgten in wichtigen Aspekten den Konventionen, die letztlich auf Marco Polo zurückgingen. Diesen Konventionen zufolge war Japan (oder Zipangu in Marco Polos Vokabular) ein mit paradiesischen Reichtümern gesegnetes, wohl geordnetes Land mit Aussichten für gewinnträchtigen Handel. Während der Aspekt der wohlgeordneten Herrschaft bis in das frühe 19. Jahrhundert – von gelegentlicher Kritik gegen Ende des 18. Jahrhunderts abgesehen[52] – vorherrschte, gewannen die hoch eingeschätzten Handelsaussichten die Oberhand im Zug der seit Beginn der 1850er Jahre bekannt

---

[52] Pierre-Claude le Jeune, *Observations critiques et philosophiques sur le Japon et sur les Japonais* (Amsterdam, 1780), S. 1–11 [deutsche Ausgabe (Breslau, 1782)].

werdenden regierungsamtlichen Vorbereitungen in den USA für eine Ostasienexpedition mit dem Ziel der Öffnung Japans für den Weltmarkt. Sie führten beispielsweise die Organisatoren der US-Expedition zu der Ansicht, Japan sei mit Bodenschätzen reich ausgestattet[53]. Gerade im Jahr 1853 erschien in den Niederlanden der Abdruck eines Berichts des Generalgouverneurs der Niederländischen Ostindischen Kompagnie, Baron G. W. van Imhoff, aus dem Jahr 1744. Darin hatte sich Imhoff positiv über die Aussichten des Japanhandels auch unter den von der Regierung in Edo damals verfügten Hemmnissen geäußert[54]. Europäische Kaufleute brachten von ihren ersten Japanbesuchen euphorische Berichte mit, in denen sie die japanische wirtschaftliche Leistungsfähigkeit, die Qualität der dort hergestellten Produkte und der vorhandenen oder postulierten Rohstoffe sowie die Höhe der im Handel mit Japan erzielbaren Gewinne über den grünen Klee lob-

---

[53] In seinem Entwurf eines Schreibens des amerikanischen Präsidenten Millard Fillmore an den „Japanese Emperor“ [gemeint war der Shōgun] vom 10. Mai 1851 begründete Daniel Webster das amerikanische Drängen auf „Öffnung“ Japans mit dem Satz „Your Empire has a great abundance of coal; this is an article which our Steamships, in going from California to China, must use.“ Siehe *The Papers of Daniel Webster*, hrsg. von Kenneth E. Shewmaker und Kenneth R. Stevens, Serie 3: Diplomatic Papers, Bd. 2 (Hanover, NH, und London, 1983), S. 289.

[54] G. W. van Imhoff, ‚Het ordeel van den Gouverneur-Generaal G. W. Baron van Imhoff over den handel met Japan, in 1744‘, *Tijdschrift voor Nederlandsch Indië*, Bd. 15, Nr 5 (1853), S. 317–42.

ten. Stellvertretend hierfür sei aufgeführt, was der Bremer Kaufmann Friedrich August Lühdorf in seinem 1857 erschienenen Reisebericht von Japan zu berichten wußte. Dort, so meinte er, gebe es Gold überall in höchster Qualität, ebenso Silber in reichen Lagern mit höchster Qualität, noch mehr Kupfer, Blei sei ebenso vorhanden, Zinn in sehr guter Qualität aber nicht in großer Menge, drei Eisenminen seien bekannt, weitere zweifelsfrei vorhanden, desgleichen viele und reiche Kohleminen, Schwefel sei in unausprechlicher Menge verfügbar, wertvolles Gestein wie Marmor gebe es, von Diamanten habe er zwar nichts gehört, aber keinen Zweifel, daß sie in hoher Zahl vorhanden seien, und schließlich werde überall an den Küsten Perlenfischerei betrieben. Zudem bestehe ein reiches Angebot an Holz- und Lackwaren, Metallwaren, Papier, Seidenstoffen, Töpfer-, Glas- und Strohwaren[55]. Auch Laurence Oliphant zeigte grundsätzliche Bereitschaft, der japanischen Regierung Liberalität und Toleranz in Handelsfragen zuzuerkennen, und machte das schädliche Auftre-

---

[55] Friedrich August Lühdorf, *Acht Monate in Japan nach Abschluß des Vertrages von Kanagawa* (Bremen, 1857), S. 198–200, 202–4 [Nachdruck (Erlangen-Nürnberg, 1981); weiterer Nachdruck, hrsg. von Jürgen Schneider (Stuttgart, 1987) (Beiträge zur Wirtschafts- und Sozialgeschichte. 21)]. Ebenso: *Das Kaiserreich Japan* (Karlsruhe, 1860), S. 72–9, 85–96, 207–11. Ebenso der Münchner Orientalist Neumann, der den Reichtum Japans an Mineralien und die Qualität japanischen Handwerks pries. Siehe Karl Friedrich Neumann, ‚Das Reich Japan und seine Stellung in der westöstlichen Weltbegegnung', *Historisches Taschenbuch*, 3. F., Bd. 9 (1858), S. 533–8.

ten früherer europäischer Kaufleute für die Verzögerungen in der Eingliederung Japans in den europäisch dominierten Weltmarkt verantwortlich[56]. Eulenburg schließlich, der eine der vielen Verhandlungspausen während seines Aufenthalts in Edo zu einem Ausritt nach Yokohama nutzte, pries die Leistungsfähigkeit japanischer Landwirtschaft[57]. Gleichwohl dürfte Eulenburgs Bericht zu den letzten dieser langen Serie von positiven Äußerungen über Japan gehören. Denn seit Anfang der 1860er Jahre gerann die japanische wirtschaftliche Leistungsfähigkeit

---

[56] Oliphant, *Narrative* (wie Anm. 6), S. 48.

[57] Bericht über den Ritt nach Kanagawa und Yokohama vom 22. bis 24. September 1860. Ms. Freiburg, Bundesarchiv-Militärarchiv, RM1/2877, fol. 105v-108v [eingeschlossen in das Tagebuch der Expedition, nach dem Eintrag zum 24. September 1860]. Noch im Jahr 1863 riet der in Venedig gebürtige, aber in Triest tätige Unternehmer Revoltella der k.k. Regierung, den österreich-ungarischen Handel mit Japan vertraglich zu regeln, damit österreichisch-ungarische Kaufleute ebenso wie ihre Konkurrenten einen Teil des angeblichen hohen Gewinns abschöpfen könnten. Siehe Pasquale von Revoltella, *Österreichs Betheiligung am Welthandel. Betrachtungen und Vorschläge*, 2. Aufl. (Triest, 1864), S. 16 [zuerst (Triest, 1863)]. Er folgte darin der Ansicht des k.k. Admirals Bernhard Freiherr von Wüllerstorf-Urbair, *Mittheilungen über den Handl in den verschiedenen von S. M. Fregatte „Novara" berührten Ländern der Erde* (Wien, 1861) [wieder abgedruckt in ders., *Vermischte Schriften* (Graz, 1889), S. 178–207]. Die Fregatte *Novara* hatte 1859 während einer Weltumseglung in Japan Station gemacht.

im Urteil nicht nur Alcocks, sondern auch anderer europäischer Beobachter zum Fluch und die nunmehr zögerliche Führung der Vertragsverhandlungen durch die japanische Seite nahmen europäische Berichterstatter zunehmend oft zum Anlaß für harsche Kritik an der vormeintlich mangelnden Vertragstreue der japanischen Regierung[58].

Die preußischen Unterhändler kehrten aus Edo zwar mit einem Vertrag, aber keineswegs mit Zufriedenheit zurück[59]. Aus preußischer Sicht zeigte sich die Regierung in Edo als ausgesprochen spröder Verhandlungspartner. Die Folge war, daß sich die Ratifizierung des Vertrags auf der preußisch-deutschen Seite schwierig gestaltete und bis 1864 dauerte, obwohl im Vertrag (Artikel XXIII) der 1. Januar 1863 als Tag des Inkrafttretens festgeschrieben worden war. Es kam hinzu, daß Vertreter von Handelskammern der neben Preußen beteiligten deutschen Staaten die Aussichten des Handels mit Japan skeptisch beurteilten[60]. Gleichwohl bestanden die preußischen Unterhändler darauf, daß die japanische Seite Preußen diesel-

---

[58] Oliphant, *Narrative* (wie Anm. 6), S. 249. „Neuere Mitteilungen über Japan und über die Ermordung des Regenten in Jeddo“, *Das Ausland* (1861), S. 352 [Besprechung von Veröffentlichungen Alcocks und Oliphants].

[59] Unverhohlene Polemik übte Maximilian August Scipio von Brandt, *Dreiunddreißig Jahre in Ostasien* (Leipzig, 1901), Bd. 1, S. 135–6.

[60] C. Jacob, *Bericht über die Handels-Verhältnisse von Japan*. Als Manuskript gedruckt. 30. Juni 1861. Württembergisches Hauptstaatsarchiv Stuttgart, Bestand E 50/01, Bü 1684.

ben Bedingungen gewährte, die sie in früheren Verträgen ihren Partnern bereits zugestanden hatte. Der rechtlichen Ungleichbehandlung Japans stand der politische Anspruch der Gleichbehandlung aller westlichen Staaten durch die japanische Regierung gegenüber.

Über die Hintergründe des Abschlusses des japanisch-schweizerischen Handelsvertrags, der dem japanisch-preußischen am 6. Februar 1864 folgte, sind wir vergleichsweise gut unterrichtet[61]. Der Anstoß zu einer schweizerischen Japanexpedition mit dem Ziel, einen Handelsvertrag abzuschließen, kam von der Uhrenindustrie in den Kantonen Genf und Neuchâtel. Seit Beginn des 19. Jahrhunderts waren Schweizer Uhren in China im Handel und wurden dort auf ausdrückliche Bitte der chinesischen Regierung hergestellt. Sie gelangten schon am Ende der 1850er Jahre zunächst über holländische, später auch über chinesische Mittelsmänner nach Japan. Dieser Umstand veranlaßte Aimé Humbert als Vorsitzenden der Union Horlogère dazu, Schweizer Uhren in Japan direkt vertreiben und den Vertrieb auf der Basis eines Handelsvertrags organisieren zu wollen.

Das Eidgenössische Handels- und Zolldepartement entsandte zunächst den preußischen Hauslehrer und Literat Rudolph Lindau 1859 nach Japan und beauftragte ihn, mit der Regierung in Edo einen Handelsvertrag abzuschlie-

---

[61] Quellen zur Vorbereitung und Durchführung der schweizerischen Japanexpedition liegen vor im Schweizerischen Bundesarchiv, Bestand E 6, Bd. 36 und im Kantonsarchiv Neuchâtel, Nachlaß Humbert, Dossiers 11–13. Siehe auch *Documents diplomatiques suisses*, Bd. 1, hrsg. von Jean Charles Biaudet, Martin Graf und Françoise Nicol (Bern, 1990), S. 809–27.

ßen. Lindau erreichte Japan auf einem Handelsschiff am 28. April 1859 und zeichnete bald ein günstiges Bild von den Aussichten für den europäischen Handel. Er spezifizierte eine Reihe von Waren, die mit Gewinn nach Japan exportiert werden könnten, darunter Textilien, Glaswaren, Zink, Blei, Zinn, Bücher, Karten und Bilder. Die Chancen für den Uhrenexport beurteilte er verhalten optimistisch. Taschenuhren könnten Absatz finden, wenn die Verkaufspreise nicht zu hoch seien. Er empfahl somit den Export von billiger Ware. Was Lindau nicht berichtete, war der Umstand, daß schweizer Uhren damals bereits in Japan im Handel waren, zunächst offenbar ohne beträchtlichen Erfolg. Denn Japan verfügte über eine eigene leistungsfähige Produktion mechanischer Uhren (auch solche europäischen Stils), die von hoher Qualität seien und mit den schweizer Uhren erfolgreich konkurrieren konnten. In seinem Bericht an das Eidgenössische Handels- und Zolldepartement vom Jahr 1865 bestätigte dann der Kaufmann Caspar Brennwald gegen Lindau das skeptische Urteil seines Kollegen Jacob von 1861[62].

Lindau traf in Japan auf ungünstige politische Verhältnisse, die dem Vertragsabschluß entgegenwirkten. Die internationalrechtlichen Verträge, die die japanische Regierung bisher geschlossen hatte, waren ohne Zustimmung des Tennō in Kyōto zustandegekommen und hatten folglich keine Gültigkeit nach japanischem Verfassungsverständnis. Die innenpolitische Empörung über die Eigenmächtigkeit der Regierung des Shōgun und die daraus resultierenden Zugeständnisse an die fremden Mächte wur-

[62] Caspar Brennwald, *Generalbericht betreffend den kommerziellen Theil der schweizerischen Abordnung nach Japan* (Bern, 1865), S. 45–8.

den geschürt durch das mitunter wenig sensible Auftreten einiger der seit den 1850er Jahren in Japan weilenden Europäer und Amerikaner. Lindau beobachtete das Verhalten der Ausländer genau und resümierte in seinem Bericht an das Kaufmännische Direktorium in St. Gallen von 1862 kritisch:

> „Die fremden Kaufleute, die unterdessen große Summen Geldes aus China und Europa erhalten hatten, wollten und konnten nicht warten, daß es der japanischen Regierung gefalle, ihren Ansprüchen Gerechtigkeit widerfahren zu lassen, und da sie Itzibu [*bu*, Silbermünze] gebrauchten, um japanische Produkte kaufen zu können (die japanesischen Kaufleute weigerten sich nämlich, Dollars zum vollen Werthe anzunehmen), so standen sie nicht mehr an, den ungesetzmäßigen Maßregeln des Gorodjo [*rōju*, des Staatsrats in Edo] ungesetzmäßige Handlungen entgegenzustellen und zu versuchen, sich auf jede Weise japanisches Geld gegen Einzahlung von mexikanischen Dollars zu verschaffen. Dies führte zu mannigfachen Streitigkeiten zwischen fremden Kaufleuten und japanesischen Beamten und erzeugte in kurzer Zeit eine gereizte Stimmung zwischen diesen und jenen. Von Yokohama und Nagasacki pflanzte sich dieselbe weiter fort und drang in alle Theile von Japan und gegen Ende des Jahres 1859 bereits, sechs Monate nur nachdem die obgenannten Häfen dem fremden Handel geöffnet worden waren, standen sich Japanesen und Fremde im Allgemeinen feindlich gegenüber.
> Es kan [*sic*] nicht geleugnet werden, daß Europäer und Amerikaner wenig thaten, um die Japanesen wieder mit sich auszusöhnen und im Gegenteil vom Höchsten bis zum Niedrigsten mit nur höchst seltenen Ausnahmen, eine Politik befolgten, welche ausschließlich darauf berechnet war, Furcht und Achtung einzuflößen und sich wenig darum kümmerte, ob sie Zuneigung und Vertrauen gewann oder nicht."[63]

Kurz gesagt: Lindaus Mission scheiterte, und er begründete sein Scheitern mit der mangelhaften Sensibilität seiner europäischen und amerikanischen Zeitgenossen. Aber

---

[63] Rudolph Lindau, *Handelsbericht über Japan. Dem Kaufmännischen Direktorium in St. Gallen erstattet*, 3 Abtheilungen (St. Gallen, 1862–1863), erste und zweite Abtheilung, S. 2–3.

er blieb noch bis 1869 in Japan, diente von Januar bis Juni 1864 als Schweizer Generalkonsul und war Mitbegründer der *Japan Times*. Später trat er in preußische diplomatische Dienste, wo er von 1878 bis 1892 im Pressereferat des Auswärtigen Amts tätig war. Danach ging er bis 1902 nach Istanbul und kehrte von dort nach Paris zurück, wo er 1910 starb.

Rudolph Lindau gab im Februar 1862, angesichts des Scheiterns seiner Mission, von Yokohama aus sein Gesamturteil über den Handel mit Japan ab. Es fiel negativ aus und bestätigte, daß in der Sicht der Zeitgenossen die Öffnung Japans für den Welthandel nicht durch den Kanagawa-Vertrag, sondern später erfolgt war:

> „Japan ist, kraft der mit den Westmächten abgeschlossenen Verträge, dem fremden Handel seit Juli 1859 geöffnet worden und europäische und amerikanische Kaufleute haben sich in Folge dessen in Yokohama, Nagasacki und Hakodate angesiedelt. Der Verkehr zwischen dem Westen und Japan, der dadurch geweckt worden ist, hat zwar in kurzer Zeit eine ziemlich bedeutende Ausdehnung erreicht, aber keineswegs die großen Erwartungen erfüllt, die man vor 2 1/2 Jahren zu hegen berechtigt war.“[64]

Aimé Humbert indes ließ sich von der neu gewonnenen Skepsis Lindaus nicht einschüchtern. Im Gegenteil, er forcierte seine Bemühungen um Entsendung einer weiteren Mission, dieses Mal mit Mandat der Schweizer Bundesregierung und mit ihm selbst als Gesandten. Die Regierung in Edo signalisierte bereits im Jahr 1861 über das niederländische Außenministerium, daß die Verhandlungen über einen Handelsvertrag mit der Schweiz wieder aufgenommen werden könnten. So gelang es Humbert, die Berner Regierung, die Uhrenproduzenten des Kantons Neuchâtel

---

[64] Lindau, *Handelsbericht* (wie Anm. 63), erste und zweite Abtheilung, S. 1.

und die Seidenindustriellen des Kantons Zürich für seine Initiative zu gewinnen. Die Regierung stellte 100.000 Franken bereit, durch die die Kosten der Mission teilweise gedeckt werden konnten. Humbert als Gesandter und Caspar Brennwald aus Männedorf (Kanton Zürich) als dessen Sekretär und für den kommerziellen Teil zuständiger Vertreter reisten auf Staatskosten, vier weitere Herren hingegen begleiteten die Gesandtschaft als ‚Attachés' privatgeschäftlich und daher auf eigene Kosten: der Major im Generalstab John Bringolf aus Unterneuhaus (Kanton Schaffhausen), der Ingenieur Iwan Kaiser aus Zug, der Kaufmann Edouard Bavier aus Chur und der Uhrmacher James Favre-Brandt aus Le Locle im Kanton Neuchâtel.

Von Anbeginn seiner Mission an war Aimé Humbert entschlossen, seinem Wunsch nach Abschluß eines Handelsvertrags mehr Nachdruck zu verleihen als sein Vorgänger Rudolph Lindau. Deswegen wählte er für die Reise von Nagasaki nach Yokohama das niederländische Kriegsschiff *Medusa*. Die Ankunft geriet dann auch zum militärischen Zeremoniell: Die *Medusa* feuerte 17 Schuß Salut, die in derselben Zahl erwidert wurden. Brennwald, eben aus Edo nach Yokohama zurückgekehrt, und Favre-Brandt begrüßten ihren Vorgesetzten am Hafen von Yokohama und geleiteten ihn zur Residenz des niederländischen Generalkonsuls Dirk de Graef van Polsbroek, der wie Townsend Harris in den 1850er Jahren, jedoch aus eigenem Bestreben und ohne vertragsrechtliche Bevollmächtigung, die Position eines Vermittlers zwischen der japanischen Regierung und den neu ankommenden Delegationen übernehmen wollte. Brennwald erzählte von seiner Erkundungsreise nach Edo und bestätigte die Vorhersage des Gouverneurs von Nagasaki, daß die Vertragsverhandlungen zunächst gar nicht stattfinden und dann längere Zeit in Anspruch nehmen würden. Humbert beeindruckten diese Warnungen nicht. Er entschied, möglichst bald selbst nach Edo zu fahren.

Am Donnerstag, dem 28. Mai 1863, war es so weit. Die *Medusa* dampfte mit 18 Kanonen bestückt von Yokohama nach Edo und traf dort um 11 Uhr vormittags ein. Um 15 Uhr betrat Humbert mit Pauken, Trompeten und Posaunen die Stadt, eskortiert von 100 bewaffneten Matrosen und Marinesoldaten, die von Offizieren kommandiert wurden, allen voran die schweizerische und die niederländische Flagge. Dutzende von Bewohnern der Stadt, schrieb Kapitän de Casembroot[65], beobachteten hinter einer Wache aus „Säbelträgern" das Spektakel, waren aber wohl eher belustigt als geängstigt von den Männern, die daher stolzierten mit bemerkenswert großen Nasen, atemberaubend knappen Röcken und abenteuerlich engen, knittrigen Beinkleidern. Die seltsame Kleidung ließ den Umstand vergessen, daß manche dieser Herren geladene Handfeuerwaffen mit sich führten.

Die Bewaffnung kam nicht von ungefähr. Wie Lindau kam auch Humbert zum denkbar ungünstigsten Zeitpunkt nach Edo. Während Shōgun Tokugawa Iemochi in Kyōto beriet, herrschte in Edo und Yokohama eine aufgeregte Stimmung. Anstatt das Land nach Außen zu verteidigen, hatte die Regierung die Fremden ins Land gelassen. Das erzeugte Widerstand. Erst am 30. Juni 1863 kehrte der Shōgun nach Edo zurück, nunmehr mit dem Auftrag des Tennō, die Verträge zu revozieren.

---

[65] François de Casembroot, *De Medusa in de wateren van Japan in 1863 en 1864* (Den Haag, 1865), S. 29–31. Auch in den Tagebuch-Notizen von der Eulenburg-Mission findet sich eine Beschreibung einer solchen Parade (Bundesarchiv – Militarärchiv, RM 1/2877, fol. 152v-153r (zum 19. November 1860).

Also war die Beratung kurz, zu der Humbert den für die Außenbeziehungen zuständigen Beamten Muragaki Awaji-no-kami am 29. Mai 1863 traf. Muragaki machte nochmals klar, daß vorerst keine Verhandlungen über den Vertrag geführt werden könnten, und verlangte, daß Humbert zu seiner eigenen Sicherheit unverzüglich nach Yokohama zurückkehre. Als Humbert sich weigerte, dem Rat Muragakis zu folgen, einigte man sich, daß Humbert sich tagsüber in Edo bewegen könne, die Nächte aber auf dem auf Reede liegenden Schiff *Emperor* (Geschenk Königin Viktorias an den Shōgun) verbringen müsse. So zog Humbert hin und her und nutzte die Zeit zu Touren in Edo. Erst am 8. Juni 1863 war er dazu bereit, nach Yokohama zurückzukehren, um dort weiter zu warten. Die Tage nutzte er zu ausgiebigen Fotoexkursionen in die Stadt und zum Ankauf von allerlei Material, aus dem er nach der Rückkehr ein reich bebildertes Japan-Buch zusammenstellte[66].

[66] Aimé Humbert, ‚Le Japon', *Le Tour du Monde,* t. 14 (1867), S. 1–80, 305–352, t. 15 (1867), S. 289–336, t. 16 (1868), S. 369–416, t. 18 (1869), S. 65–112, t. 19 (1869), S. 353–417. Humbert, *Le Japon illustré,* 2 Bde (Paris, 1870) [Mikrofilmausgabe (Paris, 1975); englische Version (London, 1875); gekürzte Neuausgabe u. d. T.: *Voyage au Japon* (Paris, 1981); davon spanische Version (Madrid, 1983); japanische Version (Tōkyō, 1969); Nachdruck der französischen Originalausgabe (Genf, 2004)]. Neben Humbert publizierte Lindau über seine Japanerfahrungen in der *Revue des deux mondes* und ließ diese Berichte als Monographie erscheinen. Siehe Rudolf Lindau, *Un voyage au tour du Japon* (Paris, 1864).

Gleichwohl erschien ihm das Warten als Krieg mit der Regierung in Edo. Ungeduldig schrieb er seiner Frau bereits am 18. September 1863, er werde seinen Aufenthalt in Japan bald beenden und sei glücklich, heimkehren zu können. Auch der Bundesrat wurde ungeduldig und mahnte Humbert zur Eile. Dem Bundesrat gegenüber antwortete er jedoch hinhaltend, er werde nicht vor Ende Februar 1864 die Heimreise antreten.

Polsbroek kümmerte sich derweil um Humberts Wohlbefinden und den Fortgang der Verhandlungen. Er riet der Regierung in Edo am 20. Dezember 1863, die Verhandlungen mit Humbert zum Abschluß zu bringen. Als die Regierung zögerte, drohte er am 2. Januar 1864 damit, den bereits verabredeten Besuch einer japanischen Gesandtschaft in den Niederlanden abzusagen, falls der Vertrag mit der Schweiz nicht umgehend zustandekäme. So blieb Humberts Warten nicht umsonst. Gleichwohl wählte die japanische Regierung dieselbe Verhandlungstaktik Humbert gegenüber, die sie zuvor anderen westlichen Regierungen seit 1853 praktiziert hatte. Was Humbert als Ausdruck der Mißgunst gegenüber der Schweiz wahrnahm, scheint tatsächlich Ausfluß strategischer Überlegungen gewesen zu sein, deren Ziel es war, Verzögerungen zu bewirken und dadurch die Vertreter westlicher Regierungen zum Abzug oder zum Einlenken in kontroversen Fragen zu bewegen.

Am 26. Januar 1864 wurde Humbert aus Edo über die niederländische Gesandtschaft signalisiert, daß die Verhandlungen zu dem von der Schweiz gewünschten Abschluß kommen könnten. In der Tat verliefen die Verhandlungen nunmehr schnell und harmonisch, und am 30. Januar 1864 konnte Humbert seiner Frau mitteilen, daß der Vertrag beschlossene Sache sei. Ohne viel Umschweife unterschrieben der für die Außenbeziehungen zuständige Minister *(gaikoku bugyō)* Takemoto Kai-no-kami, zwei weitere Beamte auf japanischer Seite sowie Humbert auf schweizerischer Seite am 6. Februar 1864 die japanischen, französischen und niederländischen Fassungen. Humbert nahm zwei japanische Fassungen, eine französische sowie eine niederländische Fassung mit, letztere für den Fall, daß über die Auslegung des japanischen oder französischen Texts Dissens entstehen sollte. Beide Vertragsparteien ratifizierten den Vertrag schon im Juli 1864.

Abgesehen vom Protokoll und von den Schlußteilen folgte der japanisch-schweizerische Vertrag[67] dem am 24. Januar 1861 abgeschlossenen japanisch-preußischen Vertrag. Im Protokoll ist Gleichheit der vertragsschließenden Souveräne vereinbart, Seiner Majestät dem „Taïkun“ von Japan einerseits, dem Schweizer „Bundesrath“ andererseits, wobei in der japanischen Fassung der *Taikun* zuerst genannt ist, in der französischen Fassung hingegen der „Conseil fédéral de la Confédération Suisse“. Wie auch in dem japanisch-preußischen Vertrag versicherte man sich gegenseitig des Willens, beständigen Frieden und Freundschaft wahren und diplomatische Vertreter austauschen zu wollen. Aber in den dispositiven Artikeln verbarg sich wiederum Einseitiges. So regelte der Vertrag die Rechte und Pflichten der in Japan weilenden Schweizer, traf aber keine Regelungen für Japaner, die sich in der Schweiz aufhalten würden. Die japanische Seite gestand Exterritorialität und Konsulargerichtsbarkeit zu, ohne daß die schweizerische Seite Japan gegenüber dieselben Zuge-

---

[67] Vertrag zwischen Japan und der Schweiz vom 6. Februar 1864, in *Treaties* (wie Anm. 20), S. 207–22. Auch in *CTS*, Bd. 129, S. 44–9.

ständnisse gemacht hätte. Japan mußte wiederum den Exportzolltarif von 5% hinnehmen, während über Importzölle auf schweizerischer Seite nichts vereinbart wurde. Lediglich die Formulierung von Artikel III, der die Öffnung von Vertragshäfen regelt, weicht von der Vorlage im japanisch-preußischen Vertrag ab, indem sie zusätzlich zur Meistbegünstigunsklausel ausdrücklich Schweizer Bürgern den Handel in allen Häfen gestattet, die auch anderen Ausländern vertraglich geöffnet wurden. Diese Formulierung wurde bis 1869 nur noch ein weiteres Mal gebraucht.

Die dann folgenden Verträge schloß die japanische Regierung mit Belgien am 1. August 1866,[68] mit Italien am 28. August 1866[69], mit Dänemark am 12. Januar 1867[70], mit Schweden-Norwegen am 11. Januar 1868[71] und mit Spanien am 12. November 1868[72]. Obschon in diesem

[68] Vertrag zwischen Belgien und Japan vom 1. August 1866, in *Treaties* (wie Anm. 20), S. 297–316. Auch in *CTS*, Bd. 132, S. 490–506.

[69] Vertrag zwischen Italien und Japan vom 25. August 1866, in *Treaties* (we Anm. 20), S. 317–341. Auch in *CTS*, Bd. 133, S. 94–122 (Italienische Fassung), S. 122–34 (Englische Fassung).

[70] Vertrag zwischen Dänemark und Japan vom 12. Januar 1867, in *Treaties* (wie Anm. 20), S. 342–68. Auch in *CTS*, Bd. 134, S. 214–31 (Englische Fassung).

[71] Vertrag zwischen Japan und Schweden-Norwegen vom 11. Januar 1868, in *Treaties* (wie Anm. 20), S. 419–42.

[72] Vertrag zwischen Japan und Spanien vom 12. November 1868, in *Treaties* (wie Anm. 20), S. 443–61. Auch in *CTS*, Bd. 138, S. 246–63 (Französische Version).

Zeitraum die mit der Meiji-Restauration verbundenen grundlegenden Wandlungen der Verfassungsstruktur vollzogen wurden, zeigen die Verträge ein erstaunlich einheitliches Formular. Unterschiede betreffen lediglich die Titulatur des Staatsoberhaupts Japans, den Grad der Detailliertheit einer Regelung und Verfahrensfragen. Der japanisch-spanische Vertrag scheint der erste zwischenstaatliche Vertrag zu sein, in dessen Präambel auf japanischer Seite der Tennō als Souverän genannt ist. Nur im japanisch-spanischen Vertrag (Artikel III) wird die Formel des japanisch-schweizerischen Vertrags aufgegriffen, derzufolge die spanischen Untertanen Zugang zu denselben Vertragshäfen haben sollen, die allen anderen Angehörigen von Vertragsstaaten auch offenstehen. In den übrigen Verträgen schreibt jeweils Artikel III die Öffnung von Hakodate, Kanagawa [=Yokohama] und Nagasaki als Vertragshäfen fest, wohingegen Niigata, Kōbe und Ōsaka unerwähnt bleiben. Im dänisch-japanischen und im japanisch-schwedischen Vertrag (Artikel XXI) wird das Französische als Verkehrssprache festgelegt, wohingegen im italienisch-japanischen Vertrag (Artikel XXI) die Möglichkeit der Wahl zwischen Französisch und Italienisch gestattet wird.

Erst mit dem selten berücksichtigten Vertrag zwischen Japan und dem Norddeutschen Bund vom 20. Februar 1869 traten wesentliche Neuerungen ein[73]. In der Präambel auch dieses Vertrags scheint zunächst das Staatsober-

[73] Vertrag zwischen Japan und dem Norddeutschen Bund vom 20. Februar 1869, in *Treaties* (wie Anm. 20), S. 474–500. Auch in *CTS*, Bd. 139, S. 92–105. Der gedruckte Text des Originals am Ende des Satzes lautet „nach Deutschen“.

haupt auf japanischer Seite unter der Formel „Seine Majestät der Tenno von Japan“ auf, während auf preußisch-deutscher Seite umständlich der König von Preußen als Souverän genannt ist, der „im Namen des Norddeutschen Bundes und der zu diesem Bunde nicht gehörenden Mitglieder des Deutschen Zoll- und Handelsvereins“ den Vertrag schließt. Max von Brandt, der auf preußisch-deutscher Seite den Vertrag aushandelte und unterzeichnete, hatte damit vordergründig das Ziel erreicht, das die japanische Regierung der Eulenburg-Mission zuzugestehen sich geweigert hatte. Gleichwohl blieb auch nach diesem Vertrag der König von Preußen im völkerrechtlichen Sinn alleiniger Vertragspartner der japanischen Regierung. Artikel I und II sind wie in allen Vorläuferverträgen reziprok, stipulieren einen ewigen Frieden und regeln den Austausch diplomatischer Vertreter. Artikel III definiert die Vertragshäfen und öffnet nunmehr für die deutsche Seite Hakodate, Kōbe, Yokohama, Nagasaki, Niigata, Ōsaka und – erstmalig für uneingeschränkten Zugang – Edo. Die weiteren Bestimmungen weichen in zwei Punkten von denen der vorigen Verträge ab. Artikel XV beschränkt die zuvor allgemein gültige Münzfreiheit auf den Zeitraum, bis die japanische Regierung eine staatliche Münzanstalt eingerichtet hat, die eigene Münzen zum Austausch gegen fremde Währungen prägt. Die wichtigste Abweichung birgt Artikel VIII, der zum ersten Mal die Reziprozität aufenthaltsrechtlicher Regelungen festschreibt. Demnach dürfen „Japanische Fürsten oder Leute in Diensten derselben sich unter den allgemeinen gesetzlichen Bestimmungen nach Deutschland“ begeben, wie es auch „allen Japanern erlaubt sein [soll], sich behufs ihrer Ausbildung oder in Handelszwecken nach Deutsch[land] zu begeben.“ Hier wird also erstmalig eine Vereinbarung völkerrechtlicher Art über den Aufenthalt von japanischen Untertanen im Ausland getroffen. Die Vereinbarung ist ergänzt durch den Vermerk, daß die japanischen Reisenden „mit vorschriftsmaessigen Paessen ihrer Behörden nach Massgabe der Bekanntmachung der Japanischen Regierung vom 23ten Mai 1866 versehen" sein sollen[74]. Bei dieser Bekanntmachung handelt es sich um die Aufhebung des Ausreiseverbots aus dem 17. Jahrhundert.

Diese Vereinbarung ist in mehrfacher Hinsicht von großem Interesse. Erstens belegt sie, daß die japanische Regierung die Problematik der mangelnden Reziprozität der meisten dispositiven Bestimmungen erkannt hatte und sich bemüht zeigte, bei Abschluß neuer Verträge mehr Reziprozität zu erreichen. Zweitens fällt auf, daß die Aufhebung des Ausreiseverbots bereits im Jahr 1866 erfolgte, gleichwohl die bis zum Herbst 1868 abgeschlossenen zwischenstaatlichen Verträge keinen Bezug auf die geänderten Ausreisebedingungen nahmen. Das bedeutet, daß sich nicht bis 1867, sondern erst mit der Änderung der

---

[74] Vertrag zwischen dem Norddeutschen Bund und Japan, Art. VIII, IX, in *Treaties* (wie Anm. 20), S. 481, 482. Die japanische Regierung schloß den letzten ungleichen Vertrag mit Österreich-Ungarn. Dieser Vertrag datiert vom vom 18. Oktober 1869, in *Treaties* (wie Anm. 20), S. 507–31 [auch in *CTS*, Bd. 140, S. 54–67] und folgt dem Vertrag zwischen Japan und dem Norddeutschen Bund auch in Bezug auf die Reiseregelungen. Die gedruckte englische Fassung wurde wohl vom englischen Ministerresidenten Harry Parkes abgefaßt, der die österreichisch-ungarischen Bemühungen um einen Vertragsabschluß unterstützte. Die handschriftlichen japanischen und deutschen Fassungen sind die gesiegelten Originale.

Verfassungsstrukturen im Vollzug der Meiji-Restauration eine Umorientierung der Zielsetzungen auf Seiten der japanischen Verhandlungspartner ergab. Die neue Meiji-Regierung scheint von Anfang an mehr Gewicht darauf gelegt zu haben, Reziprozität auch in die dispositiven Teile der zwischenstaatlichen Verträge einzubringen. Wesentlich bei dieser Feststellung ist, daß das Streben nach Erweiterung der Zahl reziproker Regelungen in diesen Verträgen unabhängig von dem Termin war, der in allen Verträgen seit 1858 (einschließlich des Vertrags mit dem Norddeutschen Bund) stets für den Beginn der Revisionsverhandlungen gesetzt wurde, nämlich dem 1. Juli 1872. Schon lange vor Ablauf dieser Frist war die Meiji-Regierung bestrebt, ihren Anspruch auf souveräne Gleichheit so weit wie möglich in den dispositiven Teilen der Verträge durchzusetzen. Zum dritten enthält ein Exemplar der amtlichen japanischen Ausgabe der Verträge, das die Universität Tōkyō aufbewahrt, einige Durch- und Anstreichungen sowie anonyme handschriftliche Marginalien, die von Deutsch mit Tinte, Blei- und Buntstift schreibenden Händen der zweiten Hälfte des 19. Jahrhunderts stammen und sich, außer zu der allgemeinen Zollkonvention vom 25. Juni 1866, nur bei dem Vertrag mit dem Norddeutschen Bund finden[75]. Es muß sich also um ein Exemplar handeln, dessen Vorbesitzer zum deutschen diploma-

---

[75] Universität Tōkyō, Keizaigakubu [Abteilung für Wirtschaftswissenschaften], 3-A:1111, S. 476–87. Der Band befindet sich dort laut Besitzstempel seit 1924. Er wurde kürzlich neu gebunden und wahrscheinlich aus diesem Anlaß an den vertikalen Rändern beschnitten. Dem Beschnitt fielen einige als Marginalien handschriftlich notierte Wortteile zum Opfer.

tischen Dienst gehörte. Zum großen Teil bestehen die Marginalien aus Textkorrekturen und Inhaltsbestimmungen. Neben Artikel II jedoch, der den Austausch diplomatischer Vertreter regelt (S. 476), steht in Tinte „[ein]zige Gegenseitigkeit“. Konsequent sind die die Aufhaltsmöglichkeiten japanischer Untertanen im Norddeutschen Bund enthaltenden Bestimmungen von Artikel VIII durchgestrichen (S. 481). Die deutsche Seite, nach dem Text des Vertrags vertreten durch Max von Brandt, war also nicht gewillt, die von ihr eingegangenen vertraglichen Abmachungen zu honorieren, sondern behielt sich vor, die zugestandene Reziprozität dispositiver Bestimmungen zu ignorieren. Das Zugeständnis der über die formalen Regelungen hinausgehenden Reziprozität auf deutscher Seite war Lippenbekenntnis.

Offenbar wurde das Problem der Revidierbarkeit der Verträge für die japanische Regierung gewichtiger als die Einstellungen ihrer Vertragspartner. Aus dem Umstand, daß erstmals die Ansei-Verträge den Termin für den Beginn möglicher Revisionsverhandlungen festsetzten, ergibt sich, daß zu der Frage der Revidierbarkeit der Abkommen zuvor kein Regelungsbedarf erkannt worden war. Interesse daran, bestehende Abkommen zu novellieren, konnte im Jahr 1858 nur bei den Regierungen der USA und der europäischen Vertragsmächte bestehen, die bestrebt waren, die in den Verträgen mit Rußland und den Niederlanden zugestandenen erweiterten Privilegien für alle westlichen Vertragspartner verbindlich festzuschreiben. Vier der fünf Ansei-Verträge stellten folglich Novellierungen dar und wurden in rascher Folge abgeschlossen. Daher müssen die Verhandlungen simultan und koordiniert geführt worden sein. Die Koordinierung der Verhandlungen wurde möglich, nachdem mit Ende des Krimkriegs die Beziehungen zwischen Rußland einerseits,

Frankreich und dem Vereinigten Königreich andererseits entspannt worden waren und nicht mehr zu befürchten war, daß Animositäten zwischen diesen beiden Mächten sich auf Ostasien auswirken würden. Vier der fünf Ansei-Verträge revidierten indes nicht nur ihre jeweiligen Vorgänger, sondern enthielten wie auch der fünfte, mit Frankreich geschlossene Vertrag ein neues verfahrensrechtliches Element mit der Revisionsklausel, die Novellierungen für den Zeitraum bis zum 1. Juli 1872 ausschloß. Die vom Jahr 1858 aus gesehen lange Bindung der Verträge über vierzehn Jahre sowie der Umstand, daß seit dem japanisch-portugiesischen Vertrag bis 1869 sämtliche Folgeverträge stets dasselbe Datum 1. Juli 1872 als Termin für den Beginn von Revisionsverhandlungen vorsahen, erlauben den Schluß, daß die Initiative zu dieser Klausel zwar von den westlichen Regierungen ausging, aber die japanische Seite später auf der einmal vereinbarten Frist beharrte. Denn die japanische Regierung mußte gegen ihre westlichen Verhandlungspartner ein Interesse daran haben, die ihr bewußte Ungleichheit der bestehenden Verträge möglichst rasch revidieren zu können. Nur aus diesem japanischen Interesse heraus ist zu erklären, daß an der einmal im Jahr 1858 vereinbarten Frist in allen Folgeverträgen bis 1869 festgehalten wurde, so daß sie zuletzt nur noch drei Jahre umfaßte. Zudem ergibt sich aus den Veränderungen der dispositiven Teile der zwischen Japan und Preußen einerseits sowie dem Norddeutschen Bund andererseits geschlossenen Verträge, daß die japanische Seite die in diesem Fall in gegenseitigem Einverständnis vorgenommene Revision dazu nutzte, reziproke Bestimmungen in den dispositiven Teil des revidierten Vertrags einzubringen. Dem Drängen der Meiji-Regierung auf Zulassung reziproker dispositiver Bestimmungen kam der Umstand zugute, daß die Initiative zur Revision von deutscher Seite ausging. Max von Brandt betrachtete mit Gründung des Norddeutschen Bunds Preußen nicht mehr als Völkerrechtssubjekt und sah sich folglich zur Neuverhandlung des Vertrags von 1861 gezwungen. Der Vertrag von 1869 zeigt somit, daß die japanische Regierung es verstand, schon vor den Vorbereitungen für die Iwakura-Mission in der ihr gegebenen Situation gegen den verhohlenen Widerwillen der deutschen Seite reziproke dispositive Regelungen mit Blick auf die seit der Meiji-Restauration ebenso geänderte japanische Rechtslage durchzusetzen.

Innerhalb der Geschichte der ungleichen Verträge, die die japanische Regierung zwischen 1854 und 1869 zu schließen gezwungen war, stellten also die Ansei-Verträge keine wichtige Wendemarke dar. Hingegen markierten die ersten Abkommen mit Rußland und den Niederlanden einerseits, die Abkommen mit dem Norddeutschen Bund und Österreich-Ungarn andererseits Bruchlinien. Während die frühen Verträge mit den USA und dem Vereinigten Königreich unter Verwendung des Friedensvertragsformulars im Grundsatz Abkommen zur Rettung Schiffbrüchiger und der Regelung der Versorgung von ausländischen Schiffsbesatzungen in Japan darstellten, waren alle Abkommen außer dem britisch-japanischen Vertrag von 1854 seit 1854 in einem Friedensvertragsformular gestaltet, das die Gleichheit der formalrechtlichen Vertragsteile mit der Ungleichheit der materiellrechtlichen, zunächst Schiffahrt, sodann Schiffahrt und Handel betreffenden dispositiven Vertragsteile verschmolz.

Für das lange Zögern der japanischen Seite, die erst ab 1868 auf die Anwendung des Grundsatzes der Reziprozität in den dispositiven Vertragsteilen drängte, kommt also das Argument nicht in Betracht, für reziproke Regelungen in den dispositiven Vertragsteilen habe auf japanischer

Seite kein Bedarf bestanden. Schon der Kanagawa-Vertrag von 1854 gab vor, daß japanische Seeleute in den Gewässern der USA dasselbe Gastrecht erhielten wie amerikanische Seeleute in japanischen, und zwar, obwohl zu diesem Zeitpunkt keinerlei legaler, von Japan ausgehender pazifischer Seeverkehr möglich war. Spätestens mit der Aufhebung des Ausreiseverbots im Jahr 1866 war auch in japanischer Sicht die Notwendigkeit von aufenthaltsrechtlichen Regelungen für japanische Untertanen in den Vertragsstaaten gegeben. Zudem war sich die japanische Regierung auch vor 1868 der völkerrechtlichen Bedeutung der Gleichheit souveräner Staaten und dem davon abgeleiteten Grundsatz der Reziprozität bewußt. Das ergibt sich aus der Änderung der Abfolge der Namen der vertragsschließenden Parteien in den Präambeln der Verträge, die in ihren jeweiligen Fassungen den Landesnamen zuerst nennen, und der Durchsetzung der Reziprozität der Regelung des Rechts zur wechselseitigen Entsendung diplomatischer Vertreter seit den Ansei-Verträgen. Da dennoch die japanische Regierung bis 1868 noch neue Verträge abschloß, die nicht-reziprok nur das Aufenthaltsrecht von Ausländern aus Vertragsstaaten in Japan regelten, kann sie nur in der Erwartung gehandelt haben, daß die die Gleichheit der souveränen Vertragspartner stipulierenden reziproken formalrechtlichen Regelungen in den Protokollen die Reziprozität von Regelungen auch der dispositiven Teile zugunsten der japanischen Seite auch dann garantierten, wenn die Reziprozität nicht für jeden einzelnen dispositiven Artikel ausdrücklich in den Verträgen selbst festgeschrieben war. Erst die Meiji-Regierung mußte aus Anlaß der Verhandlungen mit der deutschen Seite zur Kenntnis nehmen, daß die Erwartung trog.

Aus der Geschichte dieser Verträge ergibt sich also, daß für die japanische Seite mangelnde Reziprozität erst in dem Zeitpunkt zum Problem wurde, als sie gegenüber ihren Vertragspartnern die Revision der speziellen Bestimmungen gemäß dem Gleichheit festschreibenden Protokoll und den allgemeinen Bestimmungen erreichen wollte. In den seit 1871 angestrebten Revisionsverhandlungen zeigte sich, je länger desto deutlicher, daß in der Sicht der amerikanischen und europäischen Signatarmächte die Ungleichheit der Verträge Ausdruck von Machtverhältnissen geworden war, die die Vertragspartner der japanischen Regierung nicht zu revidieren bereit waren. So meinte beispielsweise der Leiter der österreichisch-ungarischen Expedition, Ritter von Scherzer, schon bei Beginn der Vorbereitungen im Jahr 1866, Demonstrationen einer gewissen „Machtstellung" auf europäischer Seite seien geboten im diplomatischen Verkehr mit Staaten auf „niedriger Civilisationsstufe" und gegenüber Regierungen, die kein „allgemeines, aus den Begriffen der Humanität resultierendes internationales Recht" anerkennen wollten. Er riet der k. k. Regierung, gegenüber Japan ihr Ansehen mit diplomatischem Druck und Demonstrationen miltärischen Potentials zur Geltung zu bringen. Damit verlieh er der im Westen weit verbreiteten Ansicht Ausdruck, daß die Durchsetzung des europäischen Rechts internationaler Verträge ein Instrument der Machtpolitik gegenüber Regierungen in Asien, Afrika und dem Südpaziifik sei[76]. Ungleichheit der Verträge war nunmehr Fundament nichtherrschaftlicher Expansion, die Völkerrecht und Freihandelsregime als Ausdruck der in diesen Verträgen reklamierten Vormachtstellung benutzte. Völkerrecht und Frei-

[76] Siehe Carl Ritter von Scherzer, ‚Die österreichische Ostasien-Expedition', *Österreichische Revue* (Oktober 1866), S. 123–4.

handelsregime dienten als Vehikel für die Machtpolitik eines nicht-herrschaftlichen Regime-Kolonialismus. Dieser führte zu beträchtlicher Konsternation auf japanischer Seite, die den festen Willen ihrer Vertragspartner, die Verträge buchstabenmäßig eng auszulegen, unerklärlich fand. Diese Konsternation mußte aus der Lesung der Verträge als textliche Einheiten resultieren, die die reziproken allgemeinen Bestimmungen als Rahmen für die nicht-reziproken speziellen Bestimmungen vorgaben. Aus der Reziprozität der allgemeinen Bestimmungen insbesondere des Protokolls folgte gerade bei strenger juristischer Auslegung die Reziprozität auch der dispositiven Bestimmungen selbst dann, wenn diese Reziprozität nicht in jedem Artikel eigens zum Ausdruck gebracht wurde. Es mußte also aus japanischer Sicht möglich sein, die nicht-reziproken Bestimmungen zu ergänzen, sobald auf japanischer Seite dafür ein Bedarf bestand. Das Insistieren der europäischen und amerikanischen Regierungen auf dem exakten Wortlaut der Texte mußte vor diesem Hintergrund auf japanischer Seite als Vertragsbruch erscheinen. Erst durch die Erkenntnis, daß die amerikanische und die europäischen Regierungen Völkerrecht und Freihandelsregime als Mittel zur Machtdemonstration einsetzten, erfuhr die japanische Seite die nicht-reziproken Bestimmungen der Verträge als Ausdruck ihrer politischen Diskriminierung.

Neben das Bewußtsein des Diskriminiertwerdens in rechtlicher Hinsicht trat auf japanischer Seite die Erfahrung, daß die seit den Ansei-Verträgen getroffenen ungleichen zollpolitischen Regelungen zu gravierenden Nachteilen in der japanischen Außenhandelspolitik beitrugen. Insbesondere die einseitige Festschreibung von Exportzöllen für japanische Produkte bestärkte die Erfahrung von Regierung und Produzenten in Japan, daß die amerikanische und die europäischen Regierungen an Beziehungen auf der Basis von Gleichheit nicht interessiert waren, sondern Gleichbehandlung zuzugestehen sich ausdrücklich weigerten.

Die ungleichen Verträge resultierten somit aus dem Widerspruch von Macht und Recht in der Verschränkung der kolonialen Expansion Europas mit der Durchsetzung von allgemeinen Regeln des Freihandels sowie der Globalisierung des europäischen Völkerrechts. Nicht mangelndes Verständnis der Logik der Vertragstexte führte auf japanischer Seite zu Verdruß über den Abschluß der ungleichen Verträge, sondern die planmäßige Indienststellung von Lippenbekenntnissen und juristischen Kautelen in die Machtpolitik der amerikanischen und europäischen Regierungen. Die Anwendung von Normen des europäischen Völkerrechts auf globaler Ebene zog Ungleichbehandlung und Regime-Kolonialismus auch dort nach sich, wo die amerikanische und die europäischen Regierungen die Errichtung von Kolonialherrschaft nicht anstrebten.

Da die japanische Regierung spätestens ab 1868 das Bewußtsein des Diskriminiertwerdens durch die aus mangelnder Reziprozität folgenden Ungleichheit ihrer Verträge mit den USA und den europäischen Staaten entwickelte, achtete sie genau darauf, daß in völkerrechtlichen Verträgen, die sie mit anderen Staaten schloß, Reziprozität weitest möglich festgeschrieben wurde. Dieses Bemühen ist im chinesisch-japanischen Vertrag von 1872 dokumentiert. Dieser Vertrag bestätigt neben anderem Freundschaft und Frieden zwischen beiden Parteien (Artikel I), enthält Regelungen für Verfahren zum Ausgleich von Rangunterschieden (Artikel V) sowie den Austausch diplomatischer Vertreter (Artikel VIII) und öffnet wechselseitig Häfen (Artikel X). Das japanische Bemühen um Reziprozität war zudem bereits bei dem hawaiianisch-japanischen Vertrag vom 19. August 1870 erkennbar. Der Vertrag sollte die Indienststellung japanischer Arbeitskräfte auf den US-amerikanischen Plantagen in Hawaii ermöglichen. Er bekundet bereits in seiner Präambel geradezu plakativ seine Eigenschaft als gleiches und reziprokes Abkommen durch Verwendung dieser beiden Bezeichnungen und umfaßt mit zwei Ausnahmen nur reziproke Bestimmungen. Die erste Ausnahme betrifft die Meistbegünstigungsklausel, die Japan Hawaii gewährte, ohne sie umgekehrt von Hawaii zu fordern (Artikel IV). Die zweite Ausnahme betrifft die Reisefreiheit, die die japanische Seite ihren Untertanen gewährte, ohne zu verlangen, daß die Regierung von Hawaii für ihre Untertanen eine entsprechende Verfügung traf (Artikel V)[77].

Aus der Betrachtung der Verträge, die die Regierungen der USA und einiger europäischer Staaten zwischen 1842 und 1869 mit den Regierungen Chinas und Japans schlossen, ergibt sich, daß die Durchsetzung von allgemeinen Freihandelsbestimmungen und Normen des völkerrechtlichen Vertragsrechts gekoppelt war sowohl an die Ausübung und Androhung militärischer Gewalt als auch an diplomatischen Druck zum wirtschaftlichen und politischen Vorteil der amerikanischen und europäischen Seite. Die Summe der militärisch-diplomatischen Gewaltakte transformierte den Pazifik trotz der Walfang- und anderen kommerziellen Aktivitäten US-amerikanischer Schiffe um die Mitte des 19. Jahrhunderts in ein britisches Binnenmeer, in dem zwar Schiffe anderer Nationen kreuzen

---

[77] Vertrag zwischen China und Japan vom Jahr 1872, in *CTS*, Bd. 144, S. 140–3. Vertrag zwischen Hawaii und Japan vom 19. August 1870, in *Treaties* (wie Anm. 20), S. 550–3. Auch in *CTS*, Bd. 141, S. 448–50.

und ihre Besatzungen Handel treiben konnten, aber nur nach Regeln, die letztlich die britische Regierung unter Rückgriff auf europäische Rechtskonventionen formulierte und durchsetzte. Daraus ergibt sich, daß Zwang zur Übernahme von allgemeinen Regeln des Freihandels, der Anerkennung europäischer Grundsätze des Völkerrechts und Oktroi kolonialer Herrschaft um die Mitte des 19. Jahrhunderts Strategien bildeten, zwischen denen die Regierungen in den USA und Europa glaubten wählen zu dürfen. Es kann also keine Rede davon sein, daß Strategien der Errichtung europäischer Kolonialherrschaft um die Mitte des 19. Jahrhunderts nicht verfolgt worden wären. Im Gegenteil, die herrschaftliche Expansion Europas in Süd- und Südostasien sowie den Südpazifik, die in dieser Zeit stattfand, war keine Ausnahmeerscheinung, sondern Resultat einer strategischen Entscheidung gegen die Durchsetzung des Freihandels in diesem Weltteil.

Auch gegenüber Staaten in Südostasien konstituierten und erweiterten europäische Regierungen zumindest gelegentlich ihre koloniale Herrschaft mit dem Mittel der zwischenstaatlichen Verträge, deren Protokolle die Vertragspartner als Souveräne anerkannten[78]. Zudem kam es zu zahlreichen ungleichen Verträgen zwischen europäischen Regierungen und dem als souvänem Staat bestehenden Königreich Siam[79]. Darüber hinaus schloß die bri-

---

[78] Vertrag zwischen Perak und dem Vereinigten Königreich, 20. Januar 1874, in *CTS*, Bd. 147, S. 196–9.

[79] Verträge zwischen Siam und dem Vereinigten Königreich vom 18. April 1855, in *CTS*, Bd. 113, S. 84–92; vom 3. September 1883, in *CTS*, Bd. 162, S. 378–84; vom 6. April 1897, in *CTS*, Bd. 184, S. 343; vom 20. September 1900, in *CTS*, Bd. 189, S. 90.

tische Regierung mindestens einen ungleichen Vertrag mit Siam über andere, als souverän anerkannte Staaten in Südostasien mit dem Ziel der Erweiterung ihrer Kolonialherrschaft. Dabei handelt es sich um den britisch-siamesischen Vertrag vom 10. März 1909, der neben anderem die Übertragung der Herrschaftsrechte über Kelantan, Tringganu, Kedah, Perlis und nahegelegene Inseln von der siamesischen an die britische Regierung regelte. Im selben Vertrag werden aber diese Staaten unter dem Namen Federated Malay States als Souveräne anerkannt, die heute an der Grenze mit Siam gelegene Teile der Malayischen Union sind[80]. Sie waren also Objekte des britisch-siamesischen Vertrags und zu gleicher Zeit Subjekte des Völkerrechts. Um die an sich wechselseitig ausgeschlossene gleichzeitige Anerkennung völkerrechtlicher Subjektivität und Objektivität in Vertragsform gießen zu können, behalf sich die britische Regierung mit dem aus dem Mittelalter überkommenen Begriff der „suzerainty“ (Oberherrschaft), der spätestens seit dem 16. Jahrhundert mit dem Grundsatz der Gleichheit souveräner Staaten als unvereinbar anerkannt wurde. Vor dem Hintergrund der neuzeitlichen Souveränitätstheorie war dieser Vertrag also

[80] Vertrag zwischen Siam und dem Vereinigten Königreich vom 10. März 1909, Art I-IV, in *CTS*, Bd. 208, S. 367–8. Tringganu, Kedah und Kelantan standen bereits seit dem frühen 19. Jahrhundert unter dem starken Einfluß britischer Kaufleute, wie sich aus Privilegien ergibt, die die siamesische der britischen Regierung bereits im Jahr 1826 zugestand. Siehe den Vertrag zwischen Siam und dem Vereinigten Königreich vom 20. Juni 1826, Art. 12, 13, in *CTS*, Bd. 76, S. 307.

völkerrechtlicher Unsinn. Er manifestierte den Willen einer europäischen Kolonialregierung, das Völkerrecht zum Zweck der Erweiterung ihres herrschaftlichen Einflusses zu mißbrauchen.

Aber es gab auch Beispiele rigoroseren, bis zu Perversion reichenden Mißbrauchs des völkerrechtlichen Gleichheitsgrundsatzes. Wie die Regierung der USA gegenüber einigen Gruppen von Native Americans verfuhr die britische Regierung gegenüber den Maori in der Weise, daß sie einen Text fertigte, demzufolge die Maori ihre Souveränität vollständig widerrufen haben sollten. Der sogenannte „Vertrag von Waitangi" vom 5./6. Februar 1840 liegt vor im Formular eines herrscherlichen Dekrets. In dessen dispositivem Teil verkündet Königin Viktoria von Großbritannien ihren Entschluß, in Neuseeland ein „civil government" zu errichten, um die notwendigen Gesetze erlassen und Institutionen des Staats aufbauen lassen zu können „alike to the native population and to her subjects". Das Dekret berichtet dann davon, daß die „chiefs" der Maori sämtlich und ohne Einschränkung auf ihre souveränen Rechte und Befugnisse zugunsten Viktorias verzichtet hätten, und erklärt, daß Viktoria unter Beibehaltung bestehender Eigentumsrechte an Grund und Boden das Vorkaufsrecht für alles in Kollektiv- oder Individualeigentum stehende sowie zum Verkauf freigegebene Land erhalten habe. Schließlich errichtet Viktoria ihren königlichen Schutz über die „natives of New Zealand". Im Eschatokoll bekunden die „chiefs" ihre Zustimmung zu dem vorstehenden Dekret[81].

---

[81] Vertrag von Waitangi zwischen Maori und dem Vereinigten Königreich vom 5./6. Februar 1840, *CTS*, Bd. 89, S. 475.

Der sogenannte „Vertrag von Waitangi“ ist ein Dokument der Staatszerstörung per Dekret und durch juristischen Unfug. Ein Vertrag im Sinn des europäischen Rechts internationaler Verträge ist dieses Dekret nicht. Das Protokoll nennt nur Viktoria als ausstellende Herrscherin, von den Maori ist im dispositiven Teil nur als Objekten britischer Herrschaft die Rede. Obwohl der dispositive Teil den Akt des angeblich zuvor vollzogenen Souveränitätsverzichts referiert, erklären im Eschatokoll die „chiefs“ der Maori, die angeblich zuvor ihre Souveränität auf Viktoria übertragen haben, ihre Zustimmung zu eben dieser Übertragung. Abgesehen davon, daß in der Maori-Fassung ein den europäischen Begriff der Souveränität repräsentierendes Wort fehlt, diese folglich nach dem Verständnis der Maori auch nicht hat abgetreten werden können, sollen dem englischen Wortlaut des Dekrets zufolge die „chiefs“ Souveränität haben, einem Dekret zustimmen, demzufolge sie auf ihre Souveränität bereits verzichtet haben. In britischer Sicht waren die Maori bereits zu Objekten des Völkerrechts degradiert worden, bevor sie ihre Souveränität zur Bestätigung ihres Souveränitätsverzichts einsetzen sollten. Diese seltsame, juristisch unhaltbare Formulierung des Dekrets ist historisch zu erklären aus dem Umstand, daß die britische Regierung im Jahr 1835 die Unabhängigkeit eines Staats New Zealand anerkannt und Königin Viktoria im Jahr 1839 über den Kolonialminister Lord Normandy ihren Vertreter William Hobson ausdrücklich instruiert hatte, die Errichtung britischer Kolonialherrschaft nur unter klar erkennbarer Zustimmung der Maori zu vollziehen. Gleichwohl ging der durch das Dekret lediglich referierten, nicht jedoch direkt beurkundeten Zerstörung der Staatenwelt der Maori die durch selbiges Dekret verkündete britische Kolonialherrschaft voraus. Das Dekret vermengte Notifikations- und

Dispositionsurkunde und setzte europäisches Völkerrecht ein zum Zweck der Legitimierung von Staatszerstörung sowie des Oktroi britischer Herrschaft. Die mangelnde Legitimität dieser Verfahrensweise war Ursache für nachfolgende militärische Konflikte, die im Fall der Maori bis in die zweite Hälfte des 19. Jahrhunderts andauerten. Krieg war hier Folge von Staatszerstörung, nicht umgekehrt Staatsentstehung Folge von Krieg. Die Staatszerstörung begründete ihrerseits das Legitimitätsdefizit des neuseeländischen Staats, das bis in jüngste Zeit anhält.

Die europäischen Kolonialregierungen verfuhren in ähnlich rigoroser Weise in anderen Teilen des Südpazifik. Dort wie in Ost- und Südostasien war bis zum Ende des 19. Jahrhunderts nicht Staatsbildung Ursache von Kriegen, sondern Staatszerstörung neben anderen Formen der illegitimen herrschaftlichen Einflußnahme sowie diplomatischem Druck, dem Oktroi wirtschaftlicher und Völkerrechtsnormen führten zu militärischen Konflikten.

III. Globalisierung der amerikanisch-europäischen Rechtssysteme, insbesondere des europäischen Völkerrechts

Die Politik der Durchsetzung rechtlicher Normen auf dem Weg des Abschlusses völkerrechtlicher Verträge in Schriftform war nicht begrenzt auf den europäischen Regime-Kolonialismus in Ostasien und im Südpazifik, sondern erstreckte sich schon in der zweiten Hälfte des 19. Jahrhunderts auch auf das internationale öffentliche Recht und dessen Inkraftsetzung mittels multilateraler Verträge zwischen den Staaten. Einige dieser Abkommen mögen aus praktischen Bedürfnissen entstanden sein, unter denen die Regelung des zwischenstaatlichen Verkehrs, der internationale Umweltschutz, die grenzüberschreitende

Verbrechensbekämpfung, die Versorgung Verwundeter im Kriegsfall sowie die Regelung des Schiffverkehrs auf offener See schon damals eine Rolle spielten. So kam es zum Abschluß der Metrischen Konventionen in den Jahren 1875 and 1907[82], der Internationalen Geodätischen Konvention 1895[83], der Internationalen Konvention zur Beendigung des Frauenhandels 1904,[84] den verschiedenen Haager und Genfer Konventionen[85], dem Vertrag über die Gründung einer Internationalen Beratenden Kommission für den Naturschutz 1913[86], der Konvention zur Vereinheitlichung von Regeln über Kollisionen auf offener See 1910 und der Internationalen Konvention über die Sicherheit des Verkehrs auf offener See 1914[87].

---

[82] *CTS*, Bd. 148, S. 237–48. *CTS*, Bd. 205, S. 212–5.

[83] *CTS*, Bd. 182, S. 82–7.

[84] Erschienen u. d. T. ‚International Agreement for the Suppression of the White Slave Trade' vom 18. Mai 1904, in *CTS*, Bd. 195, S. 326–33.

[85] ‚Convention for the Amelioration of the Condition of the Wounded in Armies in the Field, signed at Geneva' vom 22. August 1864, in *CTS*, Bd. 129, S. 361–7. ‚Convention for the Amelioration of the Condition of the Wounded and Sick in Armies in the Field, signed at Geneva' vom 6. Juli 1906, in *CTS*, Bd. 202, S. 144–62. ‚International Convention for the Pacific Settlement of International Disputes, signed at The Hague' vom 29. Juli 1899', in *CTS*, Bd. 187, S. 410–61. ‚Final Act of the Second International Peace Conference, signed at The Hague' vom 18. Oktober 1907, in *CTS*, Bd. 205, S. 216–408.

[86] *CTS*, Bd. 219, S. 32–6.

[87] *CTS*, Bd. 212, S. 178–86; Bd. 219, S. 177–255.

Hingegen ergaben sich andere multilaterale Abkommen, wie die verschiedenen Telegraphenkonventionen[88], die Verträge zur Errichtung der Universal Postal Union von 1874 und 1878 sowie die Universal Postal Convention von 1897[89], die Konventionen zum Schutz industriellen Eigentums von 1883 und 1886[90], die Internationale Konvention über die Veröffentlichung von Zolltarifen von 1890[91] sowie die Berner Übereinkunft über das Urheberrecht von 1886 und die Konvention über das Urheberrecht von 1896[92] aus dem Bemühen, allgemeine, global wirksame Regeln der Postdienste, zur Durchsetzung des Patentschutzes sowie intellektueller Eigentumsrechte einzuführen. Europäische und amerikanische Regierungen beanspruchten für sich, die Einhaltung dieser Regeln weltweit fordern zu können, und postulierten, daß die Anerkennung dieser Regeln als Nachweis des „Kulturfortschritts" der europäischen und amerikanischen Regierungen gegenüber anderen Regierungen in der Welt diene. Ideologen der europäischen Expansion erhoben die Durchset-

---

[88] Telegraphenkonventionen vom 17. Mai 1865, in *CTS*, Bd. 130, S. 198–225; 17. Mai 1865, in *CTS*, Bd. 133, S. 468–70; 1. Juli 1872, in *CTS*, Bd. 143, S. 415–69; 10./22. Juni 1875, in *CTS*, Bd. 148, S. 416–84. 14. März 1884, in *CTS*, Bd. 163, S. 391–402; 17. September 1885, in *CTS*, Bd. 165, S. 212–282; 22. Juli 1896, in *CTS*, Bd. 183, S. 159-257; 10. Juli 1903, in *CTS*, Bd. 193, S. 327–458.

[89] *CTS*, Bd. 147, S. 136–60; *CTS*, Bd. 152, S. 235–300; *CTS*, Bd. 185, S. 59–226.

[90] *CTS*, Bd. 161, S. 409–17; *CTS*, Bd. 167, S. 477–83.

[91] *CTS*, Bd. 173, S. 329–40.

[92] *CTS*, Bd. 168, S. 185–98; *CTS*, Bd. 182, S. 441–9.

zung dieses „Kulturfortschritts" überall in der Welt zum erklärten Ziel des Kolonialismus[93]. Einige Wissenschaftler gingen sogar so weit, die Regeln des „Kulturfortschritts" ganz wörtlich zu verstehen und die Einhaltung allgemeiner Hygienevorschriften weltweit zu fordern[94].

Europäische Kolonialregierungen waren dafür entschlossen, nicht allein Staaten zu zerstören oder ihnen das Prädikat der Staatlichkeit abzuerkennen, sondern auch das Potential indigenen kulturellen, politischen und wirtschaftlichen Wandels in den von ihnen beherrschten Teilen Afrikas, West-, Süd- und Südostasiens wie des Südpazifik zu arretieren. Sie ließen damit den Opfern ihrer Kolonialherrschaft nur die Wahl zwischen Anpassung und Widerstand. Die Strategie der Anpassung führte zu Abhängigkeit, während die Strategie des Widerstands in Genozid enden konnte. In beiden Fällen trug das Festhalten

---

[93] Unter anderem beklagte Max von Brandt, der an der Wende zum 20. Jahrhundert führende deutsche Ostasiendiplomat, noch 1895 den Mangel an Zwangsmitteln zur Durchsetzung intellektueller Eigentumsrechte in Ostasien. Siehe Maximilian August Scipio von Brandt, ‚Der chinesisch-japanische Konflikt', in Brandt, *Ostasiatische Fragen* (Berlin, 1897), S. 265 [Nachdruck (Seoul, 2001); Mikrofiche-Ausg. (München, 2002); zuerst in *Deutsche Rundschau* (Februar 1895)].

[94] Siehe Albrecht Ludwig Agathon Wernich, *Geographisch-medicinische Studien nach den Erlebnissen einer Reise um die Erde* (Berlin, 1878), S. 241–2. Tatsächlich wurde die Gesundheitskonvention am 17. Januar 1912 als völkerrechtlicher Vertrag unterzeichnet. *CTS*, Bd. 215, S. 223–77.

an der Durchsetzung von „Kulturfortschritt“ als Ziel kolonialer Unterdrückung dazu bei, unter den Opfern der europäischen Kolonialherrschaft die Perspektive zu bestätigen, daß der Kolonialismus mit allen seinen Institutionen ausschließlich europäischen Interessen diene. Diese Perspektive schloß das Völkerrecht ein, da es als Mittel zur Legitimation des Kolonialismus mißbraucht wurde. Es ist bemerkenswert, daß selbst die sehr kritischen Angehörigen und Befürworter der internationalen Friedensbewegung an der Wende zum 20. Jahrhundert internationale Organisationen nach ausschließlich europäischen Modellen der Staatlichkeit konzipierten und einen Pluralismus von Staatsauffassungen als Basis für den Aufbau internationaler Organisationen nicht in Betracht zogen. Sie legten damit selbst einen Grundstein für das Scheitern ihrer institutionellen Modelle. Selbst die wirkmächtigsten Befürworter der internationalen Friedensbewegung gingen daher davon aus, daß das Völkerrecht europäischen Ursprungs sei und es den europäischen Regierungen obliege, es global zur Anwendung zu bringen[95]. Der Umstand, daß beispielweise Japan an der Wende zum 20. Jahrhundert einen wesentlichen Beitrag zur Konzeption eines „cultural internationalism“ leistete, blieb in Europa weitgehend unbekannt[96].

Die japanische Erfahrung weist auf die weitere Dimension nicht-herrschaftlicher kolonialer Expansion hin, die

---

[95] Siehe Walther Max Adrian Schücking, ‚Die Organisation der Welt‘, in *Staatsrechtliche Abhandlungen. Festgabe für Paul Laband* (Tübingen, 1908), S. 594–5.

[96] Siehe Akira Iriye, *Cultural Internationalism and World Order* (Baltimore und London, 1997), S. 36–46.

in der vertraglichen Erzwingung der pauschalen Übernahme europäischer Rechtssysteme bestand. So begründeten die europäischen Kolonialregierungen ihr Bestreben nach Einrichtung internationaler Gerichtshöfe oder Anerkennung ihres exterritorialen Status mit dem Argument, daß außerhalb Europas kein scheinbar adäquates oder kein kompatibles Rechtssystem vorhanden sei. Internationale Gerichtshöfe sollten diesem Argument zufolge für Ausländer zuständig sein, die sich auf der Territorium eines außereuropäischen Staats aufhielten. Diese Ausländer waren von der lokalen Gerichtsbarkeit eximiert. Exterritorialer Status hatte die Konsequenz, daß Ausländer der Gerichtsbarkeit der Konsularbehörden des Staats unterworfen waren, dessen Staatsangehörigkeit sie besaßen und dem exterritorialer Status völkerrechtlich zugestanden worden war. Im ersten Fall, der beispielsweise für Ägypten und Siam festgeschrieben wurde, sollten internationale Gerichtshöfe so lange zuständig bleiben, bis ein europäisches Rechtssystem übernommen worden sein würde, was der britisch-siamesische Vertrag vom 10. März 1909 ausdrücklich bestimmte[97]. Im anderen Fall, für den Japan das beste Beispiel abgab, wurde die pauschale Übernahme europäischer Rechtssysteme auf dem Weg diplomatischen Drucks und der Weigerung der Aufgabe des exterritorialen Status erzwungen. Gleichwohl gelang es der japanischen Regierung im Zeitraum zwischen 1868 und dem Ende des 19. Jahrhunderts, die konkurrierenden europäischen Kolonialmächte gegeneinander auszuspielen, indem sie nicht ein einziges Rechtssy-

[97] Vertrag zwischen Siam und dem Vereinigten Königreich vom 10. März 1909, Art. V., in *CTS*, Bd. 208, S. 368.

stem insgesamt übernahm, sondern Regelungen verschiedener Rechtsbereiche nach unterschiedlichen amerikanischen und europäischen Vorbildern traf. Dabei jedoch mußte sie einen Pluralismus unterschiedlich konzipierter und begründeter Rechtsnormen in Kauf nehmen, der das Rechtssystem veruneinheitlichte.

Die Globalisierung des europäischen Staats- und Völkerrechts wirkte somit spaltend, indem sie Bevölkerungsgruppen scheinbar ungleicher Partizipation am „Kulturfortschritt" schuf. Die Befürworter des internationalen öffentlichen Rechts als einer Art Weltverkehrsrecht in Politik und Wissenschaft taten sich selbst nichts Gutes, indem sie daran festhielten, daß internationale Organisationen wenn möglich dem „Kulturfortschritt"[98], jedenfalls aber der Globalisierung der europäischen Rechtssysteme, insbesondere des europäischen Völkerrechts[99], zu dienen hätten. Die Opfer der europäischen Kolonialherrschaft konnten daraus nur den Schluß ziehen, daß auch die Förderer des Völkerrechts nur *pro domo* sprächen. Außerhalb Europas und Nordamerikas konnten sich Völkerrecht und internationales öffentliches Recht erst durchsetzen, nachdem sie von ihren diskriminierenden formellen und materiellen Bestandteilen gereinigt worden waren. Solange dies nicht geschah – und es geschah erst nach der formalen Dekolonisation –, mußte die Durchsetzung von Völkerrecht und internationalem öffentlichen Recht weltweit in Konflikten enden. Darüberhinaus verblieb das Bestre-

---

98 Unter anderen siehe John Westlake, *Chapters on the Principles of International Law* (Cambridge, 1894), S. 141.

99 Otfried Nippold, *Die Fortbildung des Verfahrens in völkerrechtlichen Streitigkeiten* (Leipzig, 1907).

ben nach weltweiter Anerkennung völkerrechtlicher Normen in starkem Widerspruch zum politischen und wirtschaftlichen Expansionswillen der europäischen Kolonialregierungen, die sich öfter der Anwendung militärischen und diplomatischen Drucks bedienten als dem von ihnen selbst geschaffenen Recht unterwarfen.

Der Überblick über ungleiche völkerrechtliche Verträge und Freihandelsregime offenbart die Strategien der amerikanischen und der europäischen Regierungen in der Phase ihrer herrschaftlichen wie nicht-herrschaftlichen Kolonialexpansion nach Asien und Ozeanien. Die europäischen Kolonialregierungen und die Regierung der USA betrachteten Expansion als nicht weiter zu begründende, gewissermaßen apriorisch gesetzte Aufgabe, an der sie im Verlauf des 19. Jahrhunderts unverändert festhielten. Ebenso wenig änderten diese Regierungen an der Nutzung zwischenstaatlicher ungleicher Verträge zur Legitimation ihrer Expansion. Für diese Verträge gebrauchten sie um die Mitte des 19. Jahrhunderts den Regierungen in Ostasien gegenüber das Formular des Friedensvertrags und forderten die Zulassung von Freihandel. Soweit die Abkommen reine Zessionsverträge waren, was in Ozeanien hin und wieder der Fall war, wurden die Vertragspartner der europäischen Regierungen und der Regierung der USA zerstört. Andernfalls blieben sie trotz ungleicher Beziehungen als souveräne Staaten bestehen. Herrschaftlicher wie Regime-Kolonialismus ließen somit bis ins frühe 20. Jahrhundert viele bestehende Staaten unangetastet. Wo Völkerrechtssubjektivität erhalten blieb, wie in Ostasien, legten die europäischen Kolonialregierungen und die Regierung der USA die bestehenden ungleichen Verträge in der Weise aus, daß ihr Regime-Kolonialismus als gedeckt ausgegeben werden konnte, dessen wesentliche Elemente die Durchsetzung von Grundsätzen des Freihandels und des völkerrechtlichen Vertragsrechts waren. Die Folge dieser Manipulationen war Widerstand der betroffenen Vertragspartner der europäischen Regierungen und der Regierung der USA. Der Widerstand war häufig militärisch. Der Mißbrauch des Völkerrechts stellte Staaten zur Disposition der Diplomaten und Militärs. Europäische Kolonialexpansion dynamisierte und destabilisierte die Staatenwelt.

Es ist heute unbestritten, daß europäische Kolonialexpansion unrechtmäßig war und nicht gerechtfertigt werden kann. Kritik an der kolonialen Expansion begann bereits in den 1920er Jahren und wurde in den 1970er Jahren lauter[100]. Was man sich heute mehr als je vergegenwärtigen muß, ist die Unrechtmäßigkeit nicht allein der Kolonialherrschaft selbst, sondern auch der Prozesse, durch die die Kolonialherrschaft errichtet wurde. Diese Vorgänge umfaßten nicht allein die Anwendung militärischer Gewalt durch europäische Kolonialregierungen, obschon davon oft Gebrauch gemacht wurde. Wichtiger war, daß die europäischen Kolonialregierungen neben starkem diplomatischen und wirtschaftlichen Druck auch konsequent die Strategie des vorsätzlichen Bruchs geltender völkerrechtlicher Verträge verfolgten. Diese Strategie führte zu einem Widerspruch zwischen Macht und Recht, der durch die Gesamtzeit europäischer Kolonialherrschaft im 19. und 20. Jahrhundert bestehen blieb. Während die europäischen Kolonialregierungen bestrebt waren, ihre

---

[100] Mark Frank Lindley, *The Acquisition and Government of Backward Territory in International Law* (London, 1926), S. 11, 20–3. Charles Henry Alexandrowicz, *The European-African Confrontation. A Study in Treaty Making* (Leiden, 1973).

Vertragsbrüche mit Rekurs auf Staatsräson zu übertünchen, hielten die Opfer der europäischen Expansion an dem Grundsatz der Gültigkeit der geschlossenen Verträge fest. In diesen Staaten hatten oktroyierte Freihandelsregeln, erzwungene Integration in das europäische Welthandelssystem, die Ausübung starken diplomatischen Drucks und wirtschaftlicher Macht sowie die Durchsetzung des europäischen völkerrechtlichen Vertragsrechts in Verschränkung mit militärischer Bedrohung die Wirkung, daß das Handeln der Kolonialregierungen als Serie von Unrechtsakten aufgefaßt werden mußte. Die Erblast der europäischen Kolonialexpansion ist überdies nicht auf den institutionellen Aspekt begrenzt. Denn die europäischen Kolonialregierungen und die Regierung der USA hinterließen auch dort, wo sie ihren Einfluß mit nichtherrschaftlichen Mitteln auszudehnen verstanden, den Kolonialismus als Ideologie der Expansion. Diese Ideologie fand zusammen mit dem europäischen Staatsbegriff schließlich auch Anwendung in Japan. Kolonialexpansion resultierte daher in nachhaltiger Korruption der herrschenden Eliten.

Harald Kleinschmidt

Geb. 1949 in Göttingen

1967–73	Studium an der Universität Göttingen (Geschichte, Englische Philologie Ethnologie, Philosophie) und am Amherst College, Amherst, MA, USA
1973	Staatsexamen für das Lehramt an Gymnasien in Göttingen
1973–78	Promotionsstudium in Göttingen
1978	Promotion in den Fächern Mittlere und Neuere Geschichte, Alte Geschichte, Englische Philologie
1978–80	Referendar des Höheren Bibliotheksdiensts bei der Staatsbibliothek Preußischer Kulturbesitz in Berlin
1979	Staatsexamen für den Höheren Dienst an Wissenschaftlichen Bibliotheken
1980–89	Wissenschaftlicher Assistent an der Universität Stuttgart
1985	Habilitation für Mittlere und Neuere Geschichte
1989–2000	Associate Professor für Geschichte der internationalen Beziehungen an der Universität Tsukuba
Seit 2000	o. Professor an der Universität Tsukuba und nebenamtlicher Professor an der Universität Tōkyō

Veröffentlichungen u. a.

- *Tyrocinium militare. Militärische Körperhaltungen* und *-bewegungen im Wandel zwischen dem 14. und dem 18. Jahrhundert*, Stuttgart 1989.
- *Württemberg und Japan. Landesgeschichtliche Aspekte der deutsch-japanischen Beziehungen*, Stuttgart 1991.
- *Geschichte der internationalen Beziehungen*, Stuttgart 1998
  [Ungarische Ausgabe unter dem Titel: *A mezeközi kapcsolatok története*, Budapest 2001].
- [Hrsg. gemeinsam mit Sumio Hatano] *Fragen zur Geschichte Japans im 20. Jahrhundert (I/II)*, Berlin 1999 (Zeitschrift für Geschichtswissenschaft. 47,2. 47,5).
- *The Nemesis of Power. A History of International Theories*, London 2000.
- *Understanding the Middle Ages. The Transformation of Ideas and Attitudes in the Medieval World*, Woodbridge 2000.
- *Doitsu no nashonarizumu*, Tōkyō 2001.
- *Menschen in Bewegung*, Göttingen 2002.
- *Charles V. The World Emperor*, Stroud 2004.
- [Hrsg.] Otfried Nippold, *„Die Wahrheit über die Ursachen des Europäischen Krieges". Japan, der Beginn des Ersten Weltkrieges und die völkerrechtliche Friedenswahrung,* München 2005.
- *Europäische und japanische Friedenslehren der Frühneuzeit im Vergleich,* Hamburg 2005.
- *Perception and Action in Medieval Europe,* Woodbridge 2005.
- [Hrsg.] *Migration, Regional Integration and Human Security. The Formation of Transnational Spaces,* Aldershot 2006.

OAG Tōkyō

– [Hrsg.] gemeinsam mit Ōsamu Yoshida] *Kindai kokusaikankei jōyaku shiryōten. Teikokushugiki yōroppa gaikō no hatten,* 4 Bde, Tōkyō 2006.

OAG-Publikationen

Veröffentlichungen der
OAG Deutsche Gesellschaft für
Natur- und Völkerkunde Ostasiens
Tōkyō

OAG Tōkyō

Bücher

Neu **Sōtei Akaji:** Zen-Worte im Tee-Raume (Einf. und Üb. Hermann Bohner; neubearbeitet von Heinz Morioka). München: iudicium 2007.
ISBN 978-3-89129-199-3, 110 S.

Jutta Arnold: Tōkyō – Tips für Anfänger. Bearbeitet und aktualisiert von Jutta Arnold. München: iudicium 1994.
ISBN 978-3-89129-450-5, 263 S.

Johannes Barth: Als deutscher Kaufmann in Fernost. Bremen – Tsingtau – Tōkyō 1891–1981. Berlin: Erich Schmidt 1984.
ISBN 3-503-02366-6, 206 S.

Bert Becker (Hrsg.): Georg Michaelis. Ein preußischer Jurist im Japan der Meiji-Zeit. München: iudicium 2001.
ISBN 978-3-89129-650-9, 678 S. mit 72 Abb.

Florian Coulmas / Ichirō Marui / Rudolf Reinelt: Kleines Formellexikon Japanisch – Deutsch, Redewendungen für den Alltag. Berlin: Erich Schmidt 1983.
ISBN 3-503-02339-9, 216 S.

Eigo Fukai: Vom Samurai zum Banker. Aus dem Japanischen übersetzt und mit einem Nachwort versehen von Michael Stein. München: iudicium 1988.
ISBN 978-3-89129-422-2, 90 S., (vergr.)

Elisabeth Gössmann (Hrsg.): Japan – ein Land der Frauen? München: iudicium, überarb. Neuauflage 1994.
ISBN 978-3-89129-282-2, 230 S.

Elisabeth Gössmann / Günter Zobel (Hrsg.): Das Gold im Wachs. Festschrift für Thomas Immoos zum 70. Geburtstag. München: iudicium 1988.
ISBN 978-3-89129-270-9, 555 S.

Silvain Guignard (Hrsg.): Musik in Japan. Aufsätze zu Aspekten der Musik im heutigen Japan. München: iudicium 1996.
ISBN 978-3-89129-299-0, 260 S. + 12 S. Bildteil

Gerhard Hackner (Hrsg.): Die anderen Japaner. Vom Protest zur Alternative. München: iudicium 1988.
ISBN 978-3-89129-360-7, 342 S.

Renate Herold (Hrsg.): Wohnen in Japan. Berlin: Erich Schmidt 1987.
ISBN 3-503-02579-0, 316 S., (vergr.)

S. Ishii, E. Lokowandt, Y. Sakai (Hrsg.): Albert und Lina Mosse, Fast wie mein eigen Vaterland. Briefe aus Japan 1886–1889. München: iudicium 1995.
ISBN 978-3-89129-273-2, 532 S.

Ernst Lokowandt (Hrsg.): Referate des 1. Japanologentags der OAG in Tōkyō. München: iudicium 1990.
ISBN 978-3-89129-274-7, 220 S., (vergr.)

Ernst Lokowandt (Hrsg.): Zentrum und Peripherie. Referate des 2. Japanologentags der OAG in Tōkyō 8./9. März 1990. München: iudicium 1992.
ISBN 978-3-89129-285-3, 188 S.

Ernst Lokowandt: Shintō. Eine Einführung. München: iudicium 2001.
ISBN 978-3-89129-727-8, 117 S. mit 27 Abb.

Heinz Eberhard Maul (Hrsg.): Militärmacht Japan? Sicherheitspolitik und Streitkräfte. München: iudicium 1990.
ISBN 978-3-89129-276-1, 402 S.

Wolfgang Michel: Von Leipzig nach Japan. Der Chirurg und Handelsmann Caspar Schamberger (1623–1706). München: iudicium 1999.
ISBN 978-3-89129-442-0, 304 S.

Jörg Möller: Spiel und Sport am japanischen Kaiserhof im 7. bis 14. Jahrhundert. München: iudicium 1993.
ISBN 978-3-89129-290-7, 177 S.

Jörg Möller (Hrsg.): Sumō. München: iudicium 1994.
ISBN 978-3-89129-295-2, 196 S., ill. (vergr.)

Heinz Morioka / Miyoko Sasaki: Die Erzählkunst des Rakugo. München: iudicium 1992.
ISBN 978-3-89129-286-0, 465 S.

Albert und Lina Mosse: Fast wie mein eigen Vaterland. Briefe aus Japan 1886–1889. (Hrsg.: Shirō Ishii, Ernst Lokowandt, Yūkichi Sakai) München: iudicium 1995.
ISBN 978-3-89129-273-0, 532 S.

Otfried Nippold: „Die Wahrheit über die Ursachen des Europäischen Krieges". Japan, der Beginn des Ersten Weltkriegs und die völkerrechtliche Friedenswahrung. (Hg. Harald Kleinschmidt, Einl. von Akio Nakai). München: iudicium 2005
ISBN 978-3-89129-407-9, 250 S.

Gregor Paul: Die Aktualität der klassischen chinesischen Philosophie. Rationalisierungskonzepte im frühen Konfuzianismus, Neo-Mohismus und im Legalismus. München: iudicium 1987.
ISBN 978-3-89129-420-8, 120 S.

Gregor Paul: Philosophie in Japan. Von den Anfängen bis zur Heian-Zeit. Eine kritische Untersuchung. München: iudicium 1993.
ISBN 978-3-89129-426-0, 454 S.

Ulrich Pauly: Kannon, Wandel einer Mittlergestalt. München: iudicium 2003.
ISBN 978-3-89129-776-6, 115 S., 23 Abb.

Albrecht Rothacher (Hrsg.): Landwirtschaft und Ökologie in Japan. München: iudicium 1992.
ISBN 978-3-89129-361-4, 388 S.

Werner Schaumann (Hrsg.): Ästhetik und Ästhetisierung in Japan. Referate des 3. Japanologentags der OAG in Tōkyō 11.–13. März 1992. München: iudicium 1993.
ISBN 978-3-89129-292-1, 246 S.

Werner Schaumann (Hrsg.): Gewollt oder geworden? Planung, Zufall und natürliche Entwicklung in Japan. Referate des 4. Japanologentags der OAG in Tōkyō 17.–18. März 1994. München: iudicium 1996.
ISBN 978-3-89129-293-8, 246 S.

Werner Schaumann (Hrsg.): Japanologie und Wirtschaft – Wirtschaft und Japanologie. Referate des 5. Japanologentags der OAG in Tōkyō. 28.–29. März 1996. München: iudicium 1997.
ISBN 978-3-89129-319-5, 311 S.

Werner Schaumann (Hrsg.): Japans Kultur der Reformen. Referate des 6. Japanologentages der OAG in Tōkyō 25.–27. März 1998. München: iudicium 1999.
ISBN 978-3-89129-441-3, 276 S.

Holmer Stahncke: Preußens Weg nach Japan. Japan in Berichten von Mitgliedern der preußischen Ostasienexpedition 1860–61. Herausgegeben, kommentiert und mit einer Einführung versehen von Holmer Stahncke. München: iudicium 2000.
ISBN 978-3-89129-287-7 (262 S., 27 Abb., kt.)

Michael Stein: Japans Kurtisanen. Eine Kulturgeschichte der japanischen Meisterinnen der Unterhaltungskunst und Erotik aus zwölf Jahrhunderten. München: iudicium 1997.
ISBN 978-3-89129-314-0 (695 S., zahlr. Abb.)

Neu **Günter Wachtmann:** Skulptur im alten Japan. Von den Anfängen bis zum 13. Jahrhundert. München: iudicium 2006.
ISBN 978-978-3-89129-588-5 (164 S., 94 Abb.)

Lutz Walter (Hrsg.): Japan mit den Augen des Westens gesehen. Gedruckte europäische Landkarten vom frühen 16. bis zum 19. Jahrhundert. Erweiterte Buchhandelsausgabe. München/New York: Prestel-Verlag 1994.
ISBN 3-7913-1291-X (gebunden, 232 S., ill.)

Robert F. Wittkamp: Mord in Japan. Der japanische Krimi und seine Helden; vom Zweiten Weltkrieg bis zur Gegenwart. München: iudicium 2002.
ISBN 978-3-89129-745-2 (132 S.)

Tomoko Yamazaki: Sandakan Bordell Nr. 8. Ein verdrängtes Kapitel japanischer Frauengeschichte. Einl. u. Üs. Yukiko Sumoto-Schwan und Friedrich B. Schwan. München: iudicium 2005.
ISBN 978-3-89129-406-2 (317 S., ill.)

Barbara Yoshida-Krafft (Hrsg.): Blüten im Wind. Essays und Skizzen der japanischen Gegenwart. Tübingen: Edition Erdmann 1981.
ISBN 3-88639-506-5 (240 S.)

Barbara Yoshida-Krafft (Hrsg.): Das elfte Haus. Erzählungen japanischer Gegenwartsautorinnen. München: iudicium 1987.
ISBN 978-3-89129-301-0 (304 S.)

Karl Friedrich Zahl (Hrsg.): Japan ohne Mythos. Zehn kritische Essays aus japanischer Feder 1946–1963. Übersetzt und mit einer Einleitung versehen von Karl Friedrich Zahl, München: iudicium 1988.
ISBN 978-3-89129-423-9 (333 S.)

Günter Zobel: Nō-Theater. Szene und Dramaturgie, volks- und völkerkundliche Hintergründe. Tōkyō 1987. (287 S.)

OAG-Taschenbuch (Früher OAG aktuell)

Nr. 30 **Heinz Morioka/Miyoko Sasaki:**
Ko home und Bunshichi mottoi. Zwei Rakugo-Stücke. (55 S.)

Nr. 31 **Reinhard Emmerich:**
Kurzgefaßte Geschichte Chinas bis zum Ende des Kaiserreichs. (141 S.)

Nr. 35 **Ernst Lokowandt:**
Das japanische Kaisertum. Religiöse Fundierung und politische Realität. (26 S.)

Nr. 36 **Uli Pauly:**
Sakoku. Zu den Hintergründen von Japans Weg in die nationale Abschließung unter den Tokugawa. (50 S.)

Nr. 38 **Gregor Paul:**
Zur Kritik Itō Jinsais an Ontologie und Ethik der Shushigaku. (78 S.)

Nr. 41 **Anna Seidel:**
Taoismus. Die inoffizielle Hochreligion Chinas. Überarbeitete Neuauflage 1991. (81 S.)

Nr. 44 **Klaus-P. Köpping:**
Die neuen Religionen Japans. Traditionelle Denkmuster hinter revolutionärer Rhetorik. (49 S.)

Nr. 45 **Oliver Corff:**
Tiananmen 1989. Zur gegenwärtigen Lage in der Volksrepublik China. (27 S.)

Nr. 47 **Gregor Paul:**
Zur Literatur der Tokugawa-Zeit. (45 S.)

Nr. 49 **Tatsuji Iwabuchi:**
Modernes Theater in Japan. (111 S.)

Nr. 50/51 **Livia Monnet:**
Die dunkle Sphäre in der Geist und Fleisch ineinander übergehen. Die Literatur der Kōno Taeko. (116 S.)

Nr. 53 **Wolfgang Herbert:**
Zur Kriminalisierung ausländischer Arbeiter in Japan. (54 S.)

Nr. 60 **Renate Herold:**
Zur Sozialisation des Kindes im Japan der Tokugawa- und Meiji-Zeit. (94 S.)

Nr. 61 **Ernst Lokowandt:**
Der Staat als Selbstzweck – Staatszwecke und -ziele in Japan. (67 S.)

Nr. 62 **Ulrich Dehn:**
Tanaka Shōzō – ein Vorkämpfer für Menschenrechte und Umweltschutz. (82 S.)

Nr. 63 **Ulrich Pauly:**
Seppuku – Ritueller Selbstmord in Japan. (178 S.)

Nr. 64 **Gerhard Krebs:**
Japan und Südostasien. Von der Besatzungszeit zur Nachkriegsordnung. (74 S.)

Nr. 65 **Rolf-Harald Wippich:**
„Strich mit Mütze". Max von Brandt und Japan – Diplomat, Publizist, Propagandist. (149 S.)

Nr. 66 **Robert F. Wittkamp:**
Santoka – Haiku, Wandern, Sake. (155 S.)

Nr. 67 **Rolf-Harald Wippich:**
„Haut Sie, daß die Lappen fliegen!" (101 S.)

Nr. 68 **Kazutoshi Hirose:**
Beruf: Shintō-Priester. (51 S.)

Nr. 69 **Heinz Morioka / Miyoko Sasaki:**
Die Bühnenkunst des Kyōgen – Neun klassische Kyōgen-Spiele. (182 S.)

Nr. 70 **Tatsuji Iwabuchi:**
Die Vergangenheitsbewältigung und die japanische Literatur. (33 S.)

Nr. 71 **Ulrich Pauly:**
Buddha als Symbol – Frühe symbolische Darstellungen des Buddha in der indischen Kunst. (132 S.)

Nr. 72 **Osamu Shōji / Helga Sentivany:**
Kindheit in Kasahara. Kindheitserinnerungen an die 30er Jahre in einem japanischen Dorf. (150 S.)

Nr. 73 **Yuriko Onodera:**
An den Gestaden der Ostsee. Onodera Makoto als japanischer Heeresattaché in Riga und Stockholm 1936–1938, 1940–1945. – übersetzt

von Ryōji und Mareile Onodera und herausgegeben von Gerhard Krebs. (294 S.)

Nr. 74 **Derek Massarella:**
The Jesuits, Japan, and European Expansion in the Sixteenth Century. (42 S.)

Nr. 75 **Heinz van der Laan:**
Erinnerungen an Tsingtau. Die Erlebnisse eines deutschen Freiwilligen aus dem Krieg in Ostasien 1914. Herausgegeben von Rolf-Harald Wippich. (124 S.)

Nr. 76 **Rotraud Saeki:**
Märchen und Sagen von den Miyako-Inseln. (133 S.)

Nr. 77 **Sabine Nagata:**
Die Japan-Berichterstattung des deutschen Nachrichtenmagazins DER SPIEGEL (1947–1988). (50 S.)

Nr. 78 **Helga Sentivany:**
Mama-san. Das Ende eines Gewerbes? (53 S.)

Nr. 79 **Günter Zobel:**
„Die Japanesen in Berlin“. Der Besuch der ersten japanischen Expedition von 1862 im Spiegel der Presse. (108 S.)

Nr. 80 **Ulrich Pauly:**
Die Teufel kommen zum Tanz. Das Hana matsuri von Nakashitara in Oku Mikawa. (171 S.)

Nr. 81 **Harald Kleinschmidt:**
Fernweh und Großmachtrausch. Ostasien im europäischen Weltbild der Renaissance. (76 S.)

Nr. 82 **Annette Schörner:**
Japanische Landwirtschaft und organischer Landbau. (138 S.)

Nr. 83 **Eun-Jeung Lee:**
Vom „konfuzianischen Idealstaat“ zum „konfuzianischen Kapitalismus“. Zum Wandel des westlichen Konfuzianismusbildes. (118 S.)

Nr. 84 **Michael Wachutka:**
Fiat Lux! Die fatale Beziehung der Glühbirne zum japanischen Kaiserhaus. In den Augen eines *kokugaku*-Gelehrten der frühen Meiji-Zeit. (64 S.)

Nr. 85 **Elke Hayashi-Mähner:**
Tagelöhner und Obdachlose in Tōkyō. (164 S.)

Neu Nr. 86 **Shōji Endō/Rotraud Sacki:**
Märchen und Sagen von Tokashiki. (118 S.)

Japan direkt

Japanische Zeitschriftenartikel in deutscher Übersetzung

Nr. 3 Vater folgt der Firma. Versetzungen ohne Familie als neues Sozialproblem. (April 1984, 96 S.)

Nr. 4 Zur Erziehung in Japan (Interviews). (März 1985, 73 S.)

Nr. 5 Konrad Adenauer und Shigeru Yoshida. Die Wiedergeburt des Liberalismus als konservative Ideologie. (September 1985, 77 S.)

Nr. 6 Alterssicherung in Japan. Japan ein Wohlfahrtsstaat? (Februar 1986, 109 S.)

Nr. 7 Shinjinrui. Japans „neue Menschheit“. (Juli 1987, 73 S.)

Mitteilungen der Deutschen Gesellschaft für Natur- und Völkerkunde Ostasiens (MOAG)

1965 **In Memoriam U. A. Casal.** Enthält: U. A. Casal: The Yamabushi. / **P. G. Schurhammer:** Die Yamabushis / **W. Schiffer:** Totenbeschwörerinnen im Tohoku. / **E. A. Kaemmerer:** Die Otokodate in Geschichte und Kunst Japans. (103 S. und Abb.)

1968 **Thomas Immoos:** Das Tanzritual der Yamabushi. / Ein Ritual der Wiedergeburt in den Yamabushi-Kagura. / **Gitta Lepsius:** Das heutige japanische Puppentheater auf dem Lande und seine Vorgeschichte. (95 S. und Abb.)

1968 **Beiträge zur Kunst Ostasiens.** Enthält: **R. Goepper:** Winterlandschaften und einige technische Termini der chinesischen Malerei. / **Y. Iwasaki:** Die realistische Tendenz in der Malerei der Nagasaki-Schule. / **B. von Rague:** Eine Bodhisattva-Figur der späten Heian-Zeit. / **E. Dittrich:** Ein frühes Album chinesischer literarischer Farbholzschnitte im Museum für Ostasiatische Kunst in Köln. / **S. Schmidt:** Travestien im japanischen Farbholzschnitt der Edo-Zeit. / **K. Meissner:** Surimono. (121 S. und Bildteil)

1973 **Jubiläumsband 1873–1973.** Enthält: **R. Schinzinger:** Japanische Weltanschauung – einst und jetzt. / **K. Meissner:** Das Rasieren und die Haartrachten der japanischen Männer. / **K. Brasch:** Japanischer Volksglaube. / **H. Schwalbe:** Ogata Korin. Einführung in die Kunst eines genialen Malers zu Beginn des 18. Jahrhunderts. / **R. Schinzinger und T. Doi:** Aus dem Kegon Sutra. / **D. Seckel:** Shizutani-kō und andere Schulanlagen der Tokugawa-Zeit. / **B. Yoshida-Krafft:** Kawabata Yasunari – ein Traditionalist? / **H. A. Dettmer:** Die Keishi-ryō des Yōrō-Kodex. (192 S. und Abb.)

1974 Sechs Vorträge im Jubiläumsjahr 1972–73. Enthält: **K. F. Zahl:** Betrachtungen über Wesen und Gestalt der chinesischen Schrift. / **K. Brasch:** Gedanken über die Geisteshaltung der Japaner. / **B. Yoshida-Krafft:** Tradition und Modernität in der japanischen Literatur der Gegenwart. / **R. Schinzinger:** Die Beziehungen zwischen OAG und Asiatic Society in hundert Jahren. / **K. Senda:** Besessen vom deutschen Theater. / **C. Jobst:** Die Bedeutung der Teezeremonie für das heutige Japan. (123 S.)

Sonderveröffentlichung

Heinrich-Dietrich Dieckmann: Was ist und wem nützt auswärtige Kulturpolitik. 1995. 23 S.

Sämtliche Veröffentlichungen erhalten Sie bei der **OAG**, OAG-Haus, 7-5-56 Akasaka, Minato-ku, Tōkyō 107-0052, Tel.: (03) 3582-7743, Telefax: (03) 5572-6269 sowie beim **iudicium verlag**, Postfach 70 10 67, 81310 München, Tel.: (089) 718747; Telefax (089) 7142039.
Für weitere Veröffentlichungen mit Ostasienbezug empfehlen wir die OAG Hamburg, c/o Universität Hamburg, Asien-Afrika-Institut, Abteilung für Sprache und Kultur Japans, Edmund-Siemers-Allee 1, Flügel Ost, D-20146 Hamburg.

Die OAG

Die **OAG Deutsche Gesellschaft für Natur- und Völkerkunde Ostasiens**, **Tōkyō**, wurde 1873 durch Kaufleute, Gelehrte und Diplomaten gegründet. Ihr Ziel ist es, die Länder Ostasiens, insbesondere Japan, zu erforschen und Kenntnisse darüber zu verbreiten.

Diese wissenschaftliche Aufgabe verbindet sie mit einer geselligen Funktion. So sind neben Vorträgen und der Veröffentlichungstätigkeit Ausstellungen, Feste, Exkursionen und Reisen fester Teil der Gesellschaftstätigkeit. Die OAG ist eine zentrale Begegnungsstätte für Deutschsprachige in Tōkyō.

Die OAG hat sich seit über 130 Jahren aus eigenen Mitteln erhalten und ist bestrebt, auch in Zukunft ihre Unabhängigkeit zu bewahren. Sie finanziert sich durch die Vermietung von Räumen im OAG-Haus, durch Mitgliedsbeiträge und den Vertrieb ihrer Veröffentlichungen.

Veranstaltungen

Monatlich, außer im Juli und August, sind zwei Vorträge, traditionell an Mittwochabenden, vorgesehen, die in der Regel durch weitere Veranstaltungen ergänzt werden.

Außerdem veranstaltet die OAG Seminare ostasienkundlichen Inhalts, Symposien, Exkursionen und Reisen im In- und Ausland. Im Herbst findet jeweils ein Einführungsseminar für Neuankömmlinge in Tōkyō statt. Seit 1988 organisiert die OAG den deutschsprachigen Japanologentag in Japan, der 1998 zum 6. Mal abgehalten wurde. Die OAG verfügt außerdem über ein reichhaltiges japanbezogenes Kursangebot.

Publikationen

Mit ihren Veröffentlichungen versucht die OAG in allgemeinverständlicher Form und wissenschaftlich korrekter Weise, Wissen über Ostasien und insbesondere Japan zu vermitteln. Dabei bemüht sie sich um ein breites Themenspektrum und berücksichtigt auch oft Sachbereiche, die von kommerziell arbeitenden Verlagen vernachlässigt werden.

Über das Veranstaltungsprogramm der OAG und sonstige Vereinsnachrichten werden die Mitglieder durch die zehnmal jährlich erscheinende Zeitschrift „OAG NOTIZEN“ informiert, die auch einen redaktionellen Teil und Rezensionen enthält.

Das Publikationsprogramm der OAG umfaßt neben den im iudicium verlag erscheinenden Monographien die Reihe „OAG Taschenbuch", die den Mitgliedern bei Erscheinen kostenlos, Nicht-Mitgliedern gegen Erstattung einer Kostenpauschale zugestellt wird. Informationen über Veranstaltungen, lieferbare Publikationen sowie weitere Aktivitäten und Einrichtungen der OAG sind auch auf der OAG-Seite im Internet (**http://www.oag.jp**) abrufbar.

Die Einrichtungen der OAG

Für regelmäßig stattfindende größere Veranstaltungen verfügt die OAG über einen Saal (250 Plätze); die regulären Vorträge finden in der mit einem multimediatauglichen Projektionssystem ausgerüsteten OAG-Bibliothek statt. Die Ausstellungen werden im großzügigen Foyer durchgeführt und für das gemütliche Zusammensein nach den Veranstaltungen gibt es das OAG-Clubrestaurant „Kreisel" mit hervorragender deutscher Küche.

Die OAG-Bibliothek enthält ca. 5.000 Werke und zahlreiche Zeitschriften in deutscher und englischer Sprache. Neben den Standardwerken zum Themenkreis der OAG finden sich neben Neuerscheinungen auch seltene Werke aus früheren Jahrhunderten.

Für die in Westjapan wohnenden Mitglieder führt seit 1954 die dortige Zweiggruppe **OAG Kansai** ein eigenes Veranstaltungsprogramm durch. 1998 wurde durch die Stiftung eines Grundstücks und Hauses in Okamoto die Gründung des **OAG-Zentrums Kōbe** ermöglicht, das neben dem neugebauten **OAG-Haus Kōbe** aus dem **Studienhaus der OAG** besteht, in dem kurz- bis mittelfristig in Japan anwesende deutschsprachige Akademiker und Künstler untergebracht werden.

OAG Tōkyō

Seit 1950 besteht die **OAG Hamburg**, eine rechtlich und organisatorisch unabhängige Gesellschaft, deren Wirken sich auf Veröffentlichungen konzentriert.

Mitgliedschaft

Der Gesellschaft kann man als Ordentliches bzw. als Förderndes Mitglied beitreten. Der Mitgliedsbeitrag schließt die Familie des Mitglieds mit ein. Für Studenten wird eine erhebliche Beitragsermäßigung gewährt. Weitere Auskünfte erhalten Sie im Büro der **OAG Tōkyō**.

OAG Tokyo
OAG-Haus, 7-5-56 Akasaka,
Minato-ku, Tokyo 107-0052

(社)OAGドイツ東洋文化研究協会
〒107-0052 東京都港区赤坂 7-5-56
オーアーゲーハウス

Tel: 03-3582-7743
Fax: 03-5572-6269

E-Mail: tokyo@oag.jp
http://www.oag.jp

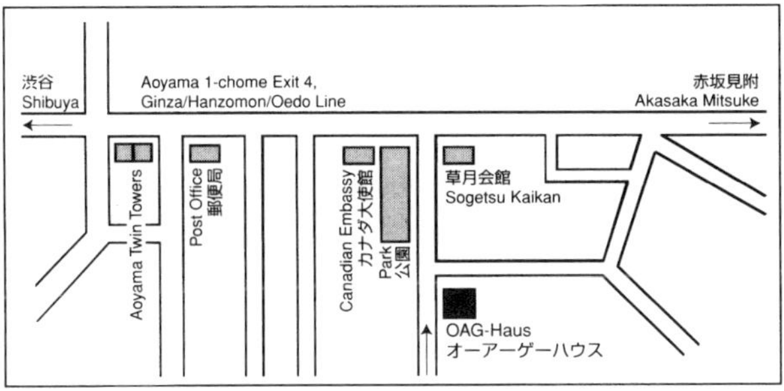

OAG-Zentrum Kobe
6-17-32 Motoyama Kitamachi
Higashinada-ku, Kobe-shi 658-0003

〒658-0003 神戸市東灘区
本山北町6-17-32
オーアーゲー神戸センター

Tel/Fax: 078-436-2113

E-Mail: kobe@oag.jp

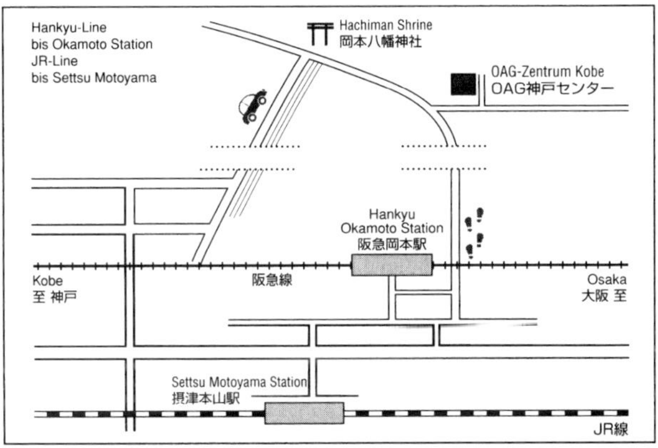